사하라룰

초판 1쇄 인쇄일 2014년 11월 25일
초판 1쇄 발행일 2014년 11월 30일
지은이 | 안기훈
펴낸이 | 안기훈
일러스트 | 박현주
사진 | 김원섭
표지 · 내지 디자인 | 김동연
펴낸곳 | 범비범 그루브
출판등록 | 제2014-000013호
주소 | 서울특별시 강남구 테헤란로 8길 33 청원빌딩 2층
대표전화 | 02.518.2115
이메일 | bumbibum@naver.com

ISBN 979-11-952176-0-1(03180)
이 도서의 국립중앙도서관 출판시도서목록(CIP)은 서지정보유통지원 시스템
홈페이지(http://seoji.nl.go.kr)와 국가자료공동목록시스템
(http://www.nl.go.kr/kolisnet)에서 이용하실 수 있습니다.
(CIP제어번호 : CIP2014033658)

영혼의 사막에서 위대한 나를 만나는 법

사하라룰

안기훈 지음 김원섭 사진 박현주 그림

멈비멈 그룹

우리는 세상에 나온 순간부터 생존의 사막에 던져지는 한없이 나약하고 안쓰러운 존재다. 하지만 마음만 먹는다면 강인한 맹수조차 두려워하는 그 죽음의 길을 얼마든지 통과할 수 있다. 우리는 그런 지혜와 열정을 지닌 위대한 존재다.

책을 펴내며

> "진정한 나에게로 돌아가는 길은 인적이 드물다. 자신의 빛을 인식하고, 두려움, 의존성, 경쟁심, 스트레스, 망상, 우울 같은 그림자로부터 자신을 분리시키는 길이기 때문이다."
>
> 토니 험프리스, 〈나를 찾는 셀프심리학〉

모든 인간은 자신을 위해 존재하고, 자신을 위해 준비된 영혼의 오아시스를 찾아 존재의 사막을 걷는 사막여행자다.

살면서 수없이 변하는 사람들과의 관계 속에서 수렁에 빠질 때도 있고, 여러 갈래의 길 앞에서 길을 잃을 때도 있다. 때로는 타인을 사막에 내던지고, 가끔은 황량한 영혼의 사막으로 자기 자신을 내동댕이친다.

존재 자체만으로도 아름답던 우리의 영혼은 날마다 산산이 부서져서 우리 앞에 놓인 고귀한 생명의 길을 발견하지 못한다.

오랜 세월 동안 우리에게는 어느 곳에나 길이 있었고, 언제나 먹을 음식과 물이 있었고, 언제라도 추위와 더위를 피할 수 있는 피난처가 있었다. 이 편안함에 아무 노력 없이 원하기만

하면 온갖 풍요를 준다고 약속하는 광란의 거짓증거들이 더해
지면서 달콤한 몽환을 더 부추긴다. 우리의 영혼은 달콤하고
편리한 그 무형의 감옥에 갇혀 오히려 더 극심한 내면의 혼란
과 갈증을 겪는다.

그 맹목으로 인한 원초적인 영혼의 갈증이 해소되지 않는
한 우리 안에 숨어 있던 존재 자체의 생명력과 근육은 결국 하
나씩 하나씩, 모조리 퇴화한다. 그렇게 되면 조종자의 편의대
로, 이름 붙여진 대로, 색깔 입혀진 대로, 귀천이 정해진 대로
그저 하염없이 앉아 영혼의 죽음을 맞이해야 한다.

많은 사람들을 만나 이야기를 나누면서, 나는 그들의 삶에
서 해소되지 않는 영혼의 갈증을 수없이 보았다. 목말라하는
그 모습은 자신의 생명을 지켜줄 가이드도 없이, 사막에서의
생존법도 숙지하지 않고, 오아시스로 가는 방향도 모른채 사
막에서 길을 잃고 타는 듯한 갈증으로 고통스러워하는 초보
사막여행자의 모습이었다.

문명은, 그리고 타인이 만든 곧은길과 편안한 장막은, 인생

의 어느 한 시기에 꼭 한 번쯤은 '나'라는 존재를 황량한 사막 한가운데로 내동댕이친다. 어느 날 갑자기 끝도 없이 펼쳐진 사막에 홀로 남겨진다면? 걸어온 길을 되돌아가든, 아니면 가던 길을 계속 가든 한 걸음이라도 떼지 않으면 죽고 마는 무형의 감옥에 갇혔을 때 어떻게 해야 할까?

나는 편안한 문명과 타인의 장치를 뒤로 물리고 내 영혼의 사막으로 뛰어들었다. 영혼의 갈증을 풀기 위해 오아시스를 향해, 또 그다음 오아시스를 찾아 길을 나섰다. 타는 듯한 갈증에 쩔쩔매면서 절박하게 오아시스를 찾아 걸었다.

그 길 위에서 나는 나 자신을 다독이며 철저히 쉬고, 맘껏 숨쉬었다. 그 단순한 반복과정 속에서 제대로 살아남으려면 나 자신을 존중하여야 한다는 아주 평범한 진리를 깨달았다. 척박하고 광활한 사막은 연약한 나 자신과 위태로운 나의 현재를 존중하고 끌어안는 영혼의 생존수칙을 가르쳐주었다.

비로소 나는 신체 각 기관의 상태와 마음 구석구석의 움직

임을 있는 그대로 존중하게 되었다. 타는 갈증 끝에 맛보는 물 한 모금에 세상을 다 얻은 듯 기뻐했고, 작은 나무그늘과 내 곁의 타인에게도 간절하고 치열하게, 또 깊이 감사하는 충만한 영혼이 되었다. 그와 동시에 온몸에 극심한 고통을 주던 영혼의 갈증은 말끔히 사라졌다.

이제는 마르지 않고 샘솟는 온전함의 샘이 '내 것이 아닌 나'로부터 '진정한 나'를 따로 떼어놓는다. 그 자유가 눈의 백태, 삶의 백태, 관계의 백태를 씻어준다. 내게 일어났고 또 현재 진행 중인 이 기분 좋은 사건을 독자 여러분과 함께 나누고 싶다.

절기가 없는 영혼의 사막 한 쪽 어느 오아시스 나무그늘 아래에서

안 기 훈

Contents 차례

3. 사막 안으로 더 깊이 들어가려면

4. 위대한 나를 되찾으려면

5. 오아시스에서 다시 오아시스로

사막을 만났다면

초보 사막여행자들은 길을 잃고 죽을 위험에 처했을 때 자신을 책망하고, 동료를 힐난한다. 철석같이 믿던 자신의 신체, 의지, 지식, 관계가 모두 쓸모없어지고, 살을 태우는 태양 볕과, 통제할 수 없는 무더위 속에서 혀가 타들어가는 갈증을 느끼면, 온몸에 무력감과 동시에 죽음의 공포가 엄습하는 까닭이다. 반면, 사막인들은 저마다 믿는 신의 구원을 기다리며 사막의 장관과 상대의 고마움을 발견하고 그것을 나누면서 오히려 의연해진다.

우리는 모두 뜨거운 사막을 건너며 매 순간 오아시스를 찾는
사막여행자를 닮았다. 그래서 우리네 삶은 산보다
사막을 더 닮았다.

나를 가로막는
나를 멈춰라

Sahara Rule No.1

영혼의 사막에서 길을 잃었는가. 갈림길에 서 있는가.
이전까지의 행동과 생각, 방법, 습관을 멈춰라.
나 자신에게 편하고 익숙한 모든 것을 경계하라.

In the desert
사막인들도 길을 잃는다

조상 대대로 사막에서 살아왔고 사막을 지나는 데 아주 익숙한 사하라 사람들도 길을 잃는다. 사막을 지나다가 길을 잃거나 차가 고장이 나면 그 자리에 그대로 멈춰 선다. 차의 엔진을 끄고 선 자리에서 나아갈 방향과 방법을 궁리한다.

길이 보이지 않을 때 차를 움직이면 기름 낭비와 체력 고갈로 이어지고, 무모하게 생존과 탈출을 시도했다가는 되레 죽음의 길로 들어설 수 있다는 것을 익히 경험했기 때문이다.

길이 보이지 않을 때는 그들처럼 멈춰 서서 자신의 현재를 냉철하게 판단하고 자신의 나약함과 부족함을 성찰하는 것이 무엇보다 중요하다. 그런 시간이 결핍되었던 지혜와 의지, 인내를 더 비장하게 해준다.

In my life
뇌를 직시하여 새로운 나를 깨워라

불안과 두려움은 낯설고 곤란한 상황에서 엄습해오지만 그 뿌리를 알고 나면 많이 줄어든다. 하지만 피하려고 하면 할수록 점점 더 커진다. 낯설다, 두렵다, 불안하다는 생각은 본디 우리 뇌가 새로운 것에 에너지 쏟는 일을 싫어해서 보내는 신호다. 그동안 무턱대고 믿어오던 뇌의 사고 과정을 의심하자. 자신에게 익숙한 삶의 방식에도 제동을 걸자. 현재 상태가 싫거나 두려워도, 징그럽거나 낯설어도, 뇌에 새로운 자극을 주는 새 경험으로 믿고 뛰어들자. 아무리 어려운 상황도 일단 받아들이면 생각과 행동이 그 상황에 맞게, 그리고 자신에게 이롭게 변화한다.

심리학자 에드워드 할로웰은 "현대 생활의 진짜 난제는 멈춰서 생각하는 것이다. 다음 지점으로 이동하기 전에 무엇이 중요한 일인가를 따져볼 만큼 충분한 시간 동안 한 지점에 멈춰서는 것이다. 집중할 에너지를 확보하기 위해서는 들어오는 자극과 내보내는 욕구를 충분한 시간 동안 제어할 수 있어야 한다. 그래야 복잡한 사고가 가능하다"고 충고한다.

사막인들은 황량함과 척박함을 자신의 것으로 받아
들인다. 절체절명의 순간이 아니면, 그들에게 사막
과 오아시스의 구분은 따로 없다. 삶은, 그렇게 오
감으로 끌어안을 때 오아시스가 된다.

오류투성이인 나를 일단 멈추기

1. 내가 믿는 신념을 부순다.

2. 나를 비교하는 대상을 없앤다.

3. 내 앞에 놓인 현재를 바라본다.

4. 나 이외에 누구의 도움도 바라지 않는다.

5. 나의 판단 기준을 버린다.

6. 내가 설정한 목적지를 삭제한다.

7. 나의 존재 이유도 파기한다.

8. 제멋대로인 나의 감정을 아낀다.

9. 인간 뇌의 화학작용을 분석한다.

10. 나에 대한 기존 이미지를 없앤다.

빠르게 적응하라

Sahara Rule No.2

사막과 삶은 즉각적인 변화를 요구한다. 적응하기를 죽도록 원하면, 모든 능력을 집중해서 기필코 방법을 찾아내는 위대한 적응력이 우리에게 있다.

작은 그늘, 작은 샘도 귀하게 쓴다

사막은 박테리아조차 생존할 수 없는 척박한 땅이다. 척박함과 황량함, 살인적인 무더위와 모래, 그리고 모래바람만 있는 사막에는 문명이 주는 편안함과 편리함을 찾아볼 수 없다.

사막인들은 생존에 필요한 최소한의 것만 써서 가장 빠르고 효과적인 방법으로 오아시스 사이를 오가며 사막을 통과한다.

그들은 작은 그늘, 작은 샘, 작은 도움에도 진심으로 감사한다. 최소한의 것을 최대한 크게 받아들여 감사하는 그들의 태도는, 365일 혹독한 결핍을 겪으면서 자연스럽게 몸에 밴 극한의 긍정이다.

먹고 마실 것이 풍족한 오아시스의 방식과 풍요로운 도시의 기준은 사막을 통과할 때 아무 소용이 없다. 그들은 오아시스를 떠나는 순간, 그것을 버린다.

In my life
내 필요를 넓히고 높여 서둘러 변하라

작열하는 태양 아래 혀가 타는 듯한 갈증을 느끼면 인간이 얼마나 보잘것없는지 저절로 알게 된다. 반대로 대자연의 황량함 앞에서도 꿋꿋이 홀로 존재하는 나를 상상해보자. 연약하고 초라하긴 해도 아름답고 귀한 자신의 몸과 마음을 되찾게 될 것이다. 그때야 비로소 앞에 놓인 과정, 발걸음, 일상의 모든 것이 소중해진다.

변화는 나 자신의 방법, 욕구, 필요를 버리고 주변 상황에 지혜롭게 적응하는 행위에서 비롯된다. 그동안 살아오면서 무엇을 가장 필요로 했는지에 따라 내 현재가 만들어졌다면, 앞으로 살아가는 데 무엇을 가장 필요로 하는가에 따라 내 삶과 내 몸과 마음이 변할 수 있다. 나의 필요를 넓히고 실천의 범위를 확대하면 나 스스로 변화하기 시작한다.

심리학자 밀턴 에릭슨은 "인간은 스스로 변화의 필요성을 절감할 때 가장 많이 변화한다. 강압이나 명령에 의하지 않은 자발적인 변화가 가장 강력하고 지속적인 효과를 나타낸다."고 말한다.

빠르게 적응하기

1. 지금까지의 성공수칙은 잊는다.

2. 스스로 받드는 자신의 능력을 수정한다.

3. 내가 싫어했던 것에서 답을 찾아낸다.

4. 감정은 늘 맨 뒤에 둔다.

5. 현재 상황을 자세히 관찰한다.

6. 문제를 피하지 말고 맞서 해결한다.

7. 주변의 필요를 충족한다.

8. 주어진 상황을 100% 활용한다.

9. 작은 도움에도 깊이 감사한다.

10. 예상되는 결핍을 미리미리 채운다.

작열하는 태양, 대자연의 황량함 앞에서도 홀로 풍
요롭게 존재하라. 그리고 세상을 향해 작열하라.

가진 것을 나누라

Sahara Rule No.3

　지금 내 앞에 있는 사람이 이 세상 누구보다 소중하다고 믿고 최선을 다하라. 내가 당면한 절실한 문제를 해결해줄 열쇠를 그가 쥐고 있을 수 있다.

In the desert
도움주머니를 열어 다른 사람과 나눈다

사막에서 만나는 모든 것은 생명과 직결된다. 오아시스의 작은 웅덩이에 고인 더러운 물도, 고작 얼굴 하나 가릴 정도인 작은 나무 그늘도, 때로는 사람을 살리기에 충분한 도움을 준다.

물과 식량이 부족한 환경에서 사막인들은 이따금 자기 힘을 과시해 타인의 것을 빼앗기도 한다. 그러나 그것보다 앞서 타인과 연합하여 공존하는 방법을 찾는다.

사막에서 만나는 사람은 내가 길을 잃었을 때 구조팀을 가장 정확하게 안내해줄 최후의 목격자다. 따라서 사람을 만나면 반갑게 인사하고 그에게 필요한 것을 서로 나누어야 한다. 내게 필요한 구급약이 그에게 있을 수 있고, 그에게 필요한 물품이 내게 있을 수 있다.

In my life
하기 싫고 인정할 수 없어도 바로 표현하라

심리학자 에이브러햄 H. 매슬로는 "인간이 더 높은 수준으로 성숙될 때 수많은 이분법, 양극화, 갈등을 하나로 융합하거나 초월하거나 해소할 수 있다. 자기실현을 하는 사람들은 이기적이면서도 이기적이지 않은, 제멋대로이면서도 조화로운, 개인적이면서도 사회적인, 이성적이면서도 비이성적인, 다른사람들과 융합되어 있으면서도 그들에게 초연하다는 특성을 동시에 가지고 있다."고 말했다.

심리학적 연구 결과나 삶의 법칙이 크게 다르지 않다. 나와 타인을 나누기보다 지금 만나고 있는 옆 사람과 감동적으로 융합하고 연대하는 것이 필요하다. 그때그때 표현하지 않으면 사람과의 관계는 더 이상 변화하지 않고 멈춘다.

내 앞에 나타난 사람과 현실, 사실에 주목하자. 그것이 나와 맞지 않더라도 지금하지 않으면 다시는 기회가 없다는 절박함으로 바로 실행하고, 대응하고, 나눠보자.

당장은 우정과 애정, 친절을 표현하는 것이 어색하더라도 일단 해보고나면 기억에서 지워지지 않는 감동의 시간과 공간이 만들어진다.

...s h a r e...

함께 길을 가는 사람은 가장 소중한 것을 바쳐야 하는 존재다. 함께 길을 가면서 사기만 생각하는가. 그렇다면 그대는 곧 사람도 잃고 길도 잃을 것이다.

함께 나누기

1. 상대에게 꼭 필요한 것을 준다.

2. 내게 부족한 것을 표현한다.

3. 내게 있는 것은 지금 바로 나누어준다.

4. 나누면 그것이 또 다른 사람에게 전해진다.

5. 조건 없이 나눈다.

6. 나눔 자체로 감동한다.

7. 상대의 목표와 감정을 배려한다.

8. 함께 목적지를 정한다.

9. 성공은 나누고, 실패는 각각 분담한다.

10. 상대방이 목표에 이르도록 돕는다.

스스로 선택하라

Sahara Rule No.4

　여행자의 오만과 편견을 버리고 사막인처럼 자기 힘과 다리로 걸어라. 남이 결코 내 대신 걸어주지 않는다. 자신의 걸음만이 가장 정확한 현재다

In the desert
희망도, 절망도 내 선택의 열매다

  사막은 길을 안다고 자신하는 모든 여행자를 시험한다. 자기 몸이 강하다고 자랑하는 이들에게 사막은 더욱더 혹독한 시험과제를 준다.

  사막을 지나는 여행자들은 에어컨이 돌아가는 시원한 호텔과 차가운 물, 맛있는 음식을 떠올리며 스치듯 사막을 구경한다. 뜨거운 콜라, 조그만 그늘, 덜덜거리는 고물트럭, 무뚝뚝한 사막인의 시선은 야만의 생활로 보일 뿐이다. 하지만 이글거리는 한낮의 뙤약볕 아래에서 길을 잃은 채 물 한 방울 없이 탈수현상을 겪고 있다면 어떨까. 이때 뜨거운 콜라, 조그만 그늘, 덜덜거리는 고물트럭, 무뚝뚝할 것만 같은 사막인과의 조우는 그야말로 신의 선물이다. 바로 이 순간 여행자로서 지녔던 편견, 오만, 구분이 거짓말처럼 사라진다.

In my life
내 힘으로 걸어 내 길을 만들라

개개인의 삶은 타인 삶의 일부가 될 수 없으므로 사막에서나 현실에서나 나 자신의 힘과 다리로 내딛어 목적지에 이르는 것이 중요하다.

남이 걸어간 길 위에는 내 영혼의 갈증을 달래줄 청량제가 없다. 내 걸음으로 걸어야 본래 남들이 내 야생의 생존 능력을 막으려고 주입한 생각의 고삐가 끊어지면서 지나온 시간의 등짐이 사라진다. 보이지 않던 일상 속의 오아시스와 마르지 않는 샘 또한 확 드러난다.

하버드대 '행복학' 강사 탈 벤-샤하르는 "지속적인 행복을 얻으려면 원하는 목적지를 향해 가는 여행을 즐길 수 있어야 한다. 행복은 산의 정상에 도달하는 것도 아니고 산 주위를 목적 없이 배회하는 것도 아니다. 행복이란 산의 정상을 향해 올라가는 과정이다."라고 정의한다.

사막을 만났을 때 내 마음의 레시피 10

스스로 걷기

1. 매사를 두 눈으로 직접 확인한다.

2. 걸음마다 달라지는 세상을 만끽한다.

3. 걷도록 도와준 모든 것에 깊이 감사한다.

4. 걸음 그 자체를 즐긴다.

5. 내 호흡과 에너지로 페이스를 조절한다.

6. 리듬을 탄다.

7. 생각과 몸을 걸음에 맡긴다.

8. 스스로 걷게 되면 타인을 돕는다.

9. 스스로 걷기 전까지 멘토를 둔다.

10. 짐은 가장 필요한 것만 챙긴다.

내 힘과 다리로 내딛어야 사막을 지나 결국 나만의
오아시스를 만나고, 나만의 초원을 만난다. 다른 사
람의 힘, 다른 사람의 초원에는 결코 내 영혼의 갈증
을 풀어줄 청량제가 없다.

온전하게 집중하라

Sahara Rule No.5

  지금 처한 시간과 장소에 집중하라. 거기에 감동과 생명력이 있다. 가장 먼저 무엇을 해야 할지, 또한 필요한 것이 무엇인지 동시에 알 수 있다.

In the desert
오감을 열어 몸과 마음을 키운다

여행자가 사막을 통과할 때 에어컨이 있는 호텔을 떠올리면 그 마음가짐은 여행하는 내내 장애가 된다.

문명의 이기를 누릴 수 없고 음식물이 바닥나는 순간, 그들의 불평과 고통은 곧 자신의 생존을 위협하는 무기로 변한다. 그런 생각과 태도는 여행자의 오감을 닫아버려, 사막이 보여주는 위대한 소리와 장엄한 풍경, 그리고 생명력을 모두 놓치게 한다. 사막인이 감동하며 눈물지을 때, 오히려 여행자는 스스로 시각적, 행동적, 정신적 장애를 겪도록 자신을 몰아간다.

태양에 달구어진 뜨거운 모래를 밟으며 밤의 한기를 떠올리고, 밤의 한기를 느끼며 기억에서 한낮의 열기를 끄집어내는 유연한 생각, 그리고 오감을 열어 주변 환경과 호흡하는 훈련이 꼭 필요하다.

In my life

바로 지금에 최고의 가치를 부여하라

우리는 냄새, 촉각, 맛, 청각, 시각으로 세상을 만나고, 우리의 뇌 구조는 이 오감으로 익히 접해본 상황을 맞이할 때 편안함을 느끼도록 설계되어 있다.

그래서 주변 환경과 진정으로 접촉하는 훈련이 된 사람만이 익숙하든, 낯설든 늘 같은 기분 상태를 유지할 수 있다.

낯섦과 익숙함의 구별 없이, 현재 내 앞에 있는 것에 푹 빠질 때 내 자발성, 열정, 상상력은 극대화된다. 또한 '지금'에 집중하면서 깊이 느끼고 제대로 표현하면 걱정과 두려움이 사라진다.

'최고의 재미'는 내 앞에 놓인 지금 이 시간, 이 상황을 축제와 감동으로 만드는 능동형 실천이 맺는 열매다. 남들이 사소하게 여기고 하찮다고 생각하여 내버린 것에 최고의 가치를 부여하는 일이다.

심리학자 윌리엄 제임스는 "지나치게 잦은 음주가 알코올중독자를 만들 듯, 잦은 개별적 행위와 시간적 노력이 윤리 영역에서는 성자를, 실용·과학 영역에서는 전문가와 대가를 만들어낸다."고 과정과정의 중요성을 강조했다.

누구의 길을 인도하는가. 누구를 부양하는가. 누구를 가르치는가. 누구를 사랑하는가. 그들에게서 보석 같은 지혜를 구하지 않으면 자기 자신을 죽음의 골짜기로 몰고 가게 된다.

지금 여기에 집중하기

1. 문제에 집중하면 해결능력이 생긴다.

2. 집중을 방해하는 것을 멀리한다.

3. 어디서든 집중할 수 있도록 메모한다.

4. 집중에 필요한 체력을 키운다.

5. 에너지와 자극을 주는 사람을 만난다.

6. 필요한 성분이 다 모일 때까지 집중한다.

7. 단계를 나눈 뒤 지금 단계에 충실히 임한다.

8. 집중의 시간과 공간을 정한다.

9. 집중의 강도를 통제한다.

10. 집중에 소용없는 기억은 따로 둔다.

몸을 존중하라

Sahara Rule No.6

몸 상태를 세세하게 점검하여 최적의 상태로 유지하라. 신진대사와 관련한 것을 가장 먼저 챙겨야 한다. 감정은 안전지대에서 잠깐 꺼내는 사치품이다.

몸의 한계와 메커니즘을 인정한다

사하라의 여름 기온은 무려 52도까지 올라간다. 달아오를 대로 달아오른 오후의 공기는 폐를 바짝바짝 말리다가 결국에는 폐를 찢는 듯한 고통을 준다. 사막인들에게조차 여름 오후는 매우 고통스러운 시간이다.

우리 몸은 수분을 제때 공급받지 못하면 결국 혈관에 있는 수분까지 끌어와 열을 땀으로 내보내려고 비상 시스템을 가동한다. 피가 걸죽해지고 혈관 내부가 쪼그라드는데도 뇌는 체내에 갇힌 열을 땀으로 배출하려 애쓴다. 피가 더 탁해지면 뇌에 혈액이 공급되지 않아 몸을 통제하는 것 자체가 불가능한 지경에 이르러도 뇌 스스로 비상 시스템을 해제하지 못한다. 결국 신체 모든 기관이 이상을 일으키고, 체온이 급속도로 올라 죽음에 이른다.

사막에 적응하려면 이런 고통을 견디며 자신의 몸과 마음이 10일 정도 사투를 벌여야 한다. 그렇게 견디다 보면 사막의 열기와 여타의 환경을 받아들이는 체질로 변한다.

In my life
몸과 마음의 움직임을 배려하고 이해하라

몸이 망가지면 아무리 바른 생각을 유지하려고 해도 생각대로 잘 안 된다. 몸이 스스로 점검하는 비상상황에 의해 이성적으로 생각할 여지 없이 본능에 따라 움직이기 때문이다.

영혼의 사막에 처했다는 것은, 내 영혼의 갈증을 채워줄 물과 영양분을 시급히 확보하라고 알려주는 신호다. 제때 최소 요구량의 물과 영양분을 섭취해야 걸음을 옮길 수 있다.

심리학자 토니 험프리스는 "내 몸은 특별하다. 세상에 나와 똑같은 물리적 존재는 없다. 나는 내 몸을 사랑하고 보살피기를 원한다. 내 몸은 항상 정확하다. 내 몸은 아군이다. 내 몸은 신성하다. 나는 내 몸이 제공하는 즐거움을 누리고 싶다."라며 나 자신의 위대한 요구와 현재성을 강조했다.

몸과 마음의 나약함을 인정하고 자연의 위대함에 감
동하라. 문명이 만들어준 의지와 습관의 쓸모없음을
받아들여라. 시시각각 척박한 야생을 마음껏 호흡하
라.

몸 존중하기

1. 몸의 원리를 파악한다.

2. 몸을 천시하는 곳은 피한다.

3. 본래 성향을 찾는다.

4. 몸의 신진대사를 축복한다.

5. 몸의 자생능력에 깊이 감사한다.

6. 몸의 주기에 주의를 기울여 반응한다.

7. 몸에 좋은 일을 몸이 스스로 하도록 훈련한다.

8. 지나친 결핍과 과도한 풍족을 조절한다.

9. 몸을 활용해 마음을 움직이도록 훈련한다.

10. 몸의 감각을 고르게 깨워준다.

단순화하라

Sahara Rule No.7

해결할 수 없는 문제는 버리거나 피한다. 가진 것
을 버리고 생각을 단순화하도록 훈련해야 심적, 물
적, 시간적 에너지 낭비를 막을 수 있다.

피할 수 없는 것은 단순하게 받아들인다

사막에서는 태양의 일조량과 온도를 절대 이길 수 없다. 내 몸의 상태를 최적으로 유지하려면 그늘을 만들고 그 아래로 피해야 한다.

지난 삶이 후회되고, 현 상태가 불만족스러워도 어쩔 수 없다. 그것은 사막의 태양처럼 피할 수 없다. 다만 그 후회를 조절하고 자양분 삼아 똑같은 후회를 되풀이하지 않도록 길을 찾아야 한다.

사막은 여행자들에게 후회스러운 과거나 현재 상태를 불평하는 것이 아무 쓸모 없다고 가르쳐준다. 우리 인간이 생각하고 믿는 세상이 옳은 것이 아니라 주변 환경에 대처하면서 자기 자신이나 함께하는 사람들과 행복하게 공존하는 것이 가장 옳은 길임을 알려준다.

In my life
기억을 단순하고 요긴하게 요리하라

사막여행자들은 사막에서 몸의 신진대사와 영양소 등에 대한 중요성을 깨닫고 생각의 단순화 훈련을 거친다. 자신의 연약함을 뼈저리게 경험하면서 사막을 통과하면 타인 앞에서 한없이 겸손해지고, 자신에게 주어진 환경에 감사하며, 자신 앞에 놓인 길을 치열하게 걷게 된다.

우리 삶에서 부정적인 것, 불가능한 것에 시간과 에너지를 쏟아붓던 때가 떠오르면 "그땐 그랬지!" 하고 솔직하게 인정하는 것도 필요하다. 다만 또다시 되풀이하지 않으면 될 일이다. 후회가 후회로 그치면 독이 된다. 후회에 사로잡혀 사랑하는 가족, 이웃, 동료가 느끼는 현재의 감정에 제대로 반응하지 못하고, 함께 감동하지 못하는 것은 쓸모없는 과거로 소중한 현재를 망치는 일이다.

심리학자 프리츠 펄스는 "습관적인 신중함, 사실 중시, 헌신 결여, 과도한 책임과 같은 일반적인 성인의 특징은 신경증적이다. 반대로 자발성, 상상력, 열정, 장난기, 직접적인 감정 표현과 같은 어린이의 특성은 훨씬 건강하다."고 말했다.

단순화하기

1. 숲에서 나와 숲이 보이는 위치로 옮긴다.

2. 감정이입 없이 있는 그대로를 본다.

3. 문제의 본질을 캐묻는다.

4. 순위를 정해 순서대로 놓는다.

5. 최우선 문제를 가장 먼저 해결한다.

6. 다른 문제와 당면 문제를 섞지 않는다.

7. 취하는 것의 종류와 수를 줄인다.

8. 최적의 기준에 맞추어 목표를 설정한다.

9. 몸을 움직여 실천한다.

10. 틀린 것은 바로 수정한다.

간절함은 우리 안에서 강렬하게 단순화된다. 영
혼의 사막에서 존재의 샘과 사람을 갈구하는 것
이 죄가 되는가. 사막에서는 사람에게 뒤집어
씌울 어떤 혐의도 찾지 못한다. 사막의 간절함
은 파란 물고기와 손바닥 인장으로 사막인의 집
대문 위에 상징화된다.

깊이 침잠하라

Sahara Rule No.8

　우리의 몸과 마음은 위대한 메커니즘으로 움직인다. 소중하게 보살필수록 감동적인 변화를 불러온다. 몸속 세포들이 활력을 얻도록 깊이 침잠하라.

에너지가 차오를 때까지 깊이 침잠한다

사막에서는 내 몸의 원칙을 잘 알아야 한다. 몸의 원칙을 무시하면 사막에서 길을 잃는 것만큼이나 위험한 상황에 처하게 된다.

공기 없는 3분, 온기 없는 3시간, 물 없는 3일, 음식 없는 3주는 우리 인간의 생사를 가르는 최소한의 시간이다.

이중 무언가 부족해지면 가장 먼저 그 문제를 해결해야 한다. 가장 필요한 것의 결핍으로 인해 발생하는 징후를 알아차리지 못하면, 우리 몸은 회복할 수 없을 정도로 망가진다.

몸이 우리 뇌로 보내 자각하게 하는 통증이나 이상반응 같은 신호는 아주 중요한 역할을 한다. 매 순간 자신의 몸을 무시하면, 몸은 스스로 이상을 일으킨다. 즉, 세포들이 반란을 일으키는 것이다.

In my life
놀라운 유기체인 우리 몸을 존중하라

사막에서나 도시에서나 몸과 마음의 상태를 살피는 일을 소홀히 하면 자칫 큰 병을 얻어 회복할 수 없는 상태에 빠지기도 한다.

배고픈 신호를 무시하고 식사 거르기, 포만감을 무시하고 주체할 수 없이 많이 먹기, 쉬지 않고 에너지 쓰기, 성욕 억누르기 등 몸을 무시하는 습관이 계속되면, 우리 몸은 자존감과 생동감을 잃는다. 몸과 마음이 마치 아무도 사는 사람이 없어 허물어져 가는 집처럼 조금씩 무너져 내린다.

우리 몸은 외부세계를 받아들이고 그에 반응하며 변화하는, 놀라운 유기체이다. 우리 신체의 독특한 특성과 정확성을 반영하는 조용하고 진심 어린 연습은 우리의 자아를 깨닫는 데 도움이 된다.

의료심리학자 에리히 카스텐은 "마음의 병을 몸 전체의 맥락에서 살펴보면 자칫 놓치기 쉬운 발병 원인도 찾아낼 수 있다."고 조언한다.

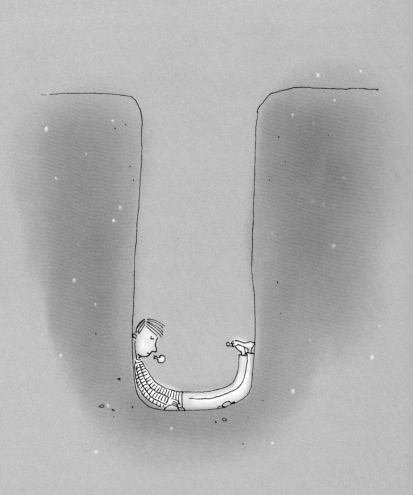

물이 넘쳐흐르는 우물이라도 덮개를 덮지 않으면 언젠가는 우물물이 증발하여 마른다. 영혼의 사막에서도 아주 작은 생명의 우물은 꼭 덮개를 덮어 소중하게 보호해야 한다.

사막을 만났을 때 내 마음의 레시피 10

나에게 깊이 빠져들기

1. 나의 현재를 이루는 것들을 살펴본다.

2. 각각의 모습에서 빛나는 장점을 찾는다.

3. 장점을 덮고 있는 단점을 찾아낸다.

4. 단점의 모습과 그 정도를 하나하나 정리한다.

5. 단점의 근원을 하나씩 캐낸다.

6. 단점이 만든 장점의 고리를 찾는다.

7. 또 다른 숨겨진 장점을 발견한다.

8. 자라지 못한 내면의 나를 끌어안는다.

9. 현재의 나와 같아지도록 성장시킨다.

10. 사랑하고 존중한다고 고백한다.

2

사막에서 길을 찾으려면

사막의 길은 있는 듯 보이다가도 어느새 사라진다. 그리고 없던 길이 새로 생긴다. 그 길이 오아시스로 향하든, 죽음의 골짜기로 향하든 우리 앞에 나타나 우리를 이끈다. 수많은 사람이 길을 알려주지만, 그것은 길에 관한 이야기일 뿐 길 자체가 아니다. 사막인들은 지도를 중심으로 움직이지 않는다. 모래폭풍이 불고 나면 길에 관한 기억과 기록은 새로 써야 한다. 길의 기록은 사막에서 통하지 않는다. 길을 찾으려면 어제의 기억을 지우고, 어제의 눈을 씻어야 한다. 길이 나타날 때까지, 길이 보일 때까지.

사막은 우리에게 길을 알려주지 않는다. 걸어서
든 낙타를 타고서든 오아시스로 가는 길을 찾아 자신을 통과하라고
침묵으로 지시한다. 우리로 하여금 훈련된 눈으로 길을 발견하게 하
고 겸손한 판단으로 길을 따라 나아가도록 혹독하게 시험한다.

나부터 점검하라

Sahara Rule No.9

　우리의 감정은 '확실한 사실' 이 아니다. 우리 생각
과 판단의 허점을 인정하면 더는 틀리지 않으려고
현실, 사람, 사실에 몰두하게 된다.

길이 보이지 않으면 이전의 기준을 부순다

사막은 끊임없이 변한다. 이 세상 어느 것 하나 변하지 않는 것이 없으니, 누구든 사지에 처할 수 있음을 겸허히 인정하라고 침묵으로 충고한다.

사지에 처했을 때 사막인들은 저마다 믿는 신의 구원을 기다린다. 죽음조차 신의 뜻이라 믿기 때문에 심적으로나 신체적으로 크게 동요하지 않는다.

하지만 사막여행자들은 자신을 책망하고, 동료를 힐난한다. 이는 자신의 신체와 의지, 믿음이 가차없이 무너질 때의 당혹스러운 감정을 외부로 표출하는 방식이다. 자신이 신뢰하던 도시에서의 경험과 의지가 사지를 벗어나는 데 아무 소용이 없음을 깨달을 때까지 이러한 감정 표출은 계속된다. '도시인으로서의 기준'을 놓지 않기 때문이다. 그 기준을 부수고 사막인의 방식에 따를 때 길이 보인다.

In my life
내 판단은 언제나 틀릴 수 있으니 경계하라

허기지고 갈증에 고통스러울 때 신기루가 나타난다. 신기루는 자연현상에 대한 우리 눈의 착오에 불과하다. 우리의 감정은 정확하지 않은 것을 '확실한 사실'로 착각하고 있는 그대로의 사실을 왜곡한다. 우리의 눈과 귀, 혀, 감각, 심지어는 기억을 담당하는 뇌조차 수없이 착오를 일으킨다. 뇌를 연구하는 학자들이 공통으로 주장하는 결론이 바로 '인간은 착각 속에 사는 동물'이라는 사실이다.

심리학자 데이비드 번스는 "불쾌한 감정은 우리가 단지 어떤 것에 대해서 부정적으로 생각하고 그렇게 믿고 있음을 알려주는 것일 뿐이다. 감정은 사실을 왜곡하는 놀이동산의 볼록거울과 같다."고 강조했다.

우리의 생각과 판단에 허점이 많다는 점을 인정하면, 더는 틀리지 않으려고 내 앞의 현실과 사람, 사실에 몰두하게 된다. 사실과 현실을 어떻게 대해야 할지 알게 되면 결국 모든 문제는 자신의 생각과 감정, 태도에서 비롯됨 또한 알게 된다.

사막에서 길을 찾기 위한 내 마음의 레시피 10

나 점검하기

1. 왜 이렇게 생각하게 됐을까 이유를 묻는다.

2. 왜 이런 감정이 들까 이유를 묻는다.

3. 지금 현재의 상태에 이른 이유를 찾는다.

4. 이 감정이 옳은지 뒤집어본다.

5. 이 판단이 과연 옳은가 반문한다.

6. 내 반응이 본래 내가 원하던 것인지 점검한다.

7. 누구에게서 영향을 받았는지 되짚는다.

8. 홀로 있을 때도 만족할 수 있는지 묻는다.

9. 무엇을 좀 더 잘할 수 있는지 캐낸다.

10. 내게 가치 있는 것은 무엇인가 묻는다.

우리는 모두 영혼의 사막을 서툴게 여행하는 사막여
행자다. 지혜의 낙타를 제대로 부리지도 못하고, 약
하게 소용돌이치는 마음의 모래바람에도 어쩔줄 모
르는 나약한 존재다.

홀로 만족하라

Sahara Rule No.10

감정을 최고조 상태로 훈련하면, 늘 각박하고 황
량한 세상에서도 예술적인 풍광이 눈에 들어온다.
시각이 변하면서 생각과 몸이 진화한 탓이다.

In the desert
홀로 가야 하는 길, 홀로 신 나게 걷는다

사막에서의 행복은 즐겁게 제 몸을 유지하며 한 걸음 한 걸음 아무 탈 없이 걸어가는 과정 그 자체에 있다. 오아시스에 무사히 도착한 후의 행복은 전혀 다른 차원이므로 현재와 희망을 혼동해서는 안된다.

사막은 그곳을 통과하는 것과 그 이후 나를 더 크게 확장하는 데 의의가 있을 뿐, 그곳에서 주저앉으면 안 된다.

척박한 상황에서 홀로 만족하며 기뻐하고, 감동하며 움직이도록 심신을 훈련해야 한다. 이것은 마치 옆으로 스치는 풍광이 이토록 아름다웠던가, 발밑에 밟히는 모래가 이토록 부드러웠던가, 하고 깨닫는 것처럼 사실을 발견하면서 순간순간, 걸음걸음, 최고의 시간을 느껴보는 것과 같다.

행복은 그렇게 주변의 소소한 것에서 새로운 사실을 깨달으며 느끼는 감동을 통해 더욱더 활성화된다.

In my life

행복하려거든 나를 잊을 정도로 몰두하라

혼자임을 즐긴다는 것은 나 자신에게서 솟아나는 기쁨을 발견한다는 뜻이다. 그렇기에 홀로 최고 상태를 유지하는 자기만의 방법을 개발하는 것이 매우 중요하다.

심리학자 에이브러햄 H. 매슬로는 "자기를 실현한 사람들은 어떤 순간에도 자신의 자아를 중심에 둘 필요가 없기 때문에, 그들은 자신과 문제를 분리해서 볼 수 있는 건강한 능력을 갖고 있다. 그렇기 때문에 다른사람들에게는 혼란을 일으킬 수 있는 문제에 대해서도 그들은 '자아와 싸울 필요가 없으며 혼란스러워하거나 현혹되지 않는다'. 이러한 사람들은 사실을 왜곡하거나 채색하는 다양한 종류의 안경을 통하지 않고 대신에 자신들 앞에 놓여있는 것들을 있는 그대로 볼 수 있는 시각을 지니고 있다."고 말했다.

우리가 기억하는 가장 행복했던 순간은, 프랑스의 정신과 의사 프랑수아 를로르의 말대로 '뭔가를 새롭게 발견한 순간'이다. 그런 행복한 기억들을 되살려 순간순간 내 몸과 마음의 변화에서 즐거움을 찾다보면 스스로 진화하는 것을 느낄 수 있다.

최고의 동작을 얻으려면 에너지를 비축하고 방향을
설정하라. 걸음을 통제하고 몸짓을 제어하라.

홀로 만족하기

1. 세포들을 최고로 활성화한다.

2. 즐거운 기억을 떠올린다.

3. 가슴 뛰는 미래를 그린다.

4. 익숙하고 신 나는 음악을 즐긴다.

5. 조금 모자라는 듯 먹는다.

6. 향이 짙고 색이 화사한 것을 취한다.

7. 기분 좋아지는 장소를 택한다.

8. 에너지를 전해주는 사람을 만난다.

9. 동경하는 것을 가까이한다.

10. 있는 그대로의 나를 끌어안는다.

나를 객관화하라

Sahara Rule No.11

　나 자신을 전혀 다른 위치에서 다른 각도로 객관
화하여 진단하면, 나의 위대함과 연약함을 동시에
찾게 된다.

목적지가 멀다면 높이 올라 조망한다

걷기에는 너무 먼 목적지, 이제 막 초입에 들어서 보이지도 않는 목표에 가슴이 답답하다면, 일단 멈추어 서서 달리 생각하는 것이 필요하다.

높은 곳에 올라 조망하면 내 현재 위치와 나아갈 방향을 알게 되고 동시에 지금까지 걸어온 용기와 위대함, 당장 채워야 할 결핍과 연약함을 보게 된다.

드넓고 메마른 사막에서 무엇을 기준으로 어느 방향으로 갈 것인지 차원과 시각을 달리하여 주위 사람들, 사물, 환경을 하나씩 천천히 살펴나가라. 이는 나아갈 방향을 정할 때 가장 중요한 과정이 된다. 그래야 몇 개의 모래언덕을 지나갈지, 길은 어디서부터 시작해 어디에서 끊기는지, 새로 난 길은 어디에 있는지가 보인다. 운이 좋다면 오아시스를 발견할지도 모르고 어쩌면 사막을 신속히 벗어나는 탄탄대로를 찾을 수도 있다.

In my life
다른 관점에서 다른 가능성을 찾아라

   심리학자 에드워드 드 보노는 "수직적 사고는 같은 구멍을 더 깊게 파는 것이지만 수평적 사고는 전혀 다른 곳에 새로 구멍을 파는 것이다."라고 조언한다.

지금까지와는 전혀 다른, 새로운 길을 찾으려면 눈의 각도는 물론 생각의 각도를 바꾸어 자신의 현주소와 주변 상태를 조망하는 위치에 오르는 수고로움이 필요하다.

관계의 사막에서 누가 나에게 물을 건넬지, 무엇이 나에게 그늘을 만들어줄지, 누가 나에게 따뜻한 담요를 내어줄지 다시 한 번 꼼꼼하게 점검하는 것이다.

자신의 현주소를 부모나 은사, 형제자매, 존경하는 명사 등 나와는 다른 각계각층의 눈으로 바라보고, 그들의 방식대로 생각하고 판단해보면 앞으로 나아갈 방향과 문제를 모두 점검할 수 있다.

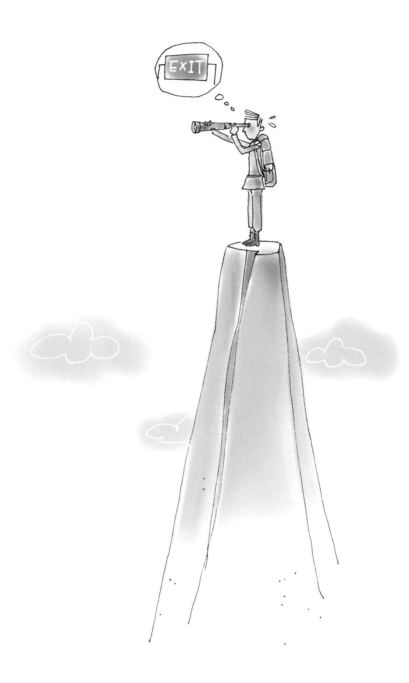

차원을 달리해서 보기

1. 현재가 옳은가, 문제의식을 갖는다.

2. 늘 하던 방식에 변화를 준다.

3. 늘 가던 길을 버리고 새 길로 가본다.

4. 여러 방면 전문가의 견해를 듣는다.

5. 다각도의 방안을 놓치지 않고 점검한다.

6. 문제에서 떨어져서 해결점을 찾는다.

7. 역사의 전환점을 마음에 새긴다.

8. 현재보다 높은 기준으로 현재를 점검한다.

9. 어린아이와 노인의 시각을 대입한다.

10. 전혀 다른 환경을 만난다.

안으로 너무 깊이 들어가 있을 때는 밖으로 나가라.
밖에서 겉돌고 있을 때는 안으로 깊이 들어가라. 생
각과 행동의 변화는 스스로 한 발짝 물러서서 자신을
바라보는 그 순간에 찾아온다.

투정을 멈춰라

Sahara Rule No.12

　부정적 사고와 투정을 멈출 때만이 내 안에 자존
의 에너지가 모인다. 관계의 에너지가 고갈되면, 나
를 가두어 자존의 에너지를 비축하라.

남을 위한 비난은 금하고 나를 격려한다

더위와 갈증을 견디며 사막의 모래언덕을 힘겹게 걷는 사람들의 모습은 처절하다. 그러나 오히려 그 절박함의 경계에서 인간의 나약함을 겸허히 받아들이는 진실된 사랑이 태어난다.

사람들이 생존을 위해 사막에서 행하는 모든 행동은 남에게 해를 끼치지 않는 한 정당하다. 사막에서 남을 탓하고 욕하는 데 쓰는 시간과 에너지는 결국 독이 되어 돌아온다. 어리석은 낭비로 내적 에너지를 소모하지 않아야 생존이 가능하다.

우리가 처한 현실은 사막과 같다. 다른 사람들도 늘 나처럼 목을 축일 물과 태양을 피할 그늘, 편히 쉴 오아시스를 찾는다. 오아시스까지 가는 동안 음식이 모자랄 것 같으면 누구에게도 양보하지 못하는 게 현실이다. 도움을 받지 못해도 타인을 비난할 필요가 없다.

In my life
남을 탓할 에너지로 자기 자신을 격려하라

타인을 향한 오해와 비난은 내 몸과 마음을 다치게 하는 투정에 불과하다. 어느 한 대상을 '나쁘다'고 생각하는 한, 그 대상은 언제까지나 '나쁜 것'으로 남는다. 대상을 향해 나쁜 감정을 지속해서 재생산하기 때문이다. 우리 뇌가 증오를 피어오르게 하는 데 시간과 에너지를 낭비한다는 뜻이다. 증오를 키우는 데 시간과 에너지를 쓰는 대신, 자기 자신을 격려하고 주변을 세심하게 살피는 일이 꼭 필요하다.

심리학자 토니 험프리스는 "자신의 에너지를 느끼고 몸의 지지력을 느껴 보라. 몸의 긴장을 풀어 이완시켜 주고 심호흡을 하고 일정하고 편안한 리듬에 주목하라. 양팔과 가슴에서 힘을 느끼고 땅을 안정되게 내딛도록 하라. 편안함, 음식, 물, 휴식, 운동, 잠을 요구하는 몸의 목소리에 귀를 기울어라. 언제나 애정어린 친절로 몸을 대하라. 규칙적이고 적당한 운동, 깊은 이완훈련, 심호흡, 건강한 다이어트와 균형잡힌 생활양식은 우리의 신체적 존재에 생기를 더해준다."고 충고한다.

나에게 필요한 영혼의 에너지는 곳곳에 있다. 풍요의
늪에 빠져 영혼의 에너지를 찾아내는 감각이 무뎌지
기 전에 결핍의 사막으로 나아가라.

사막에서 길을 찾기 위한 내 마음의 레시피 10

스스로 격려하기

1. 나는 귀한 존재임을 믿는다.

2. 우주가 나를 기다려왔다고 생각한다.

3. 내 능력은 본래 탁월하다고 믿는다.

4. 나는 이 순간에도 성장하고 있음을 믿는다.

5. 우주가 나를 돕고 있음을 느낀다.

6. 세상에는 내가 필요하다고 믿는다.

7. 나는 목표를 세우면 이루어낸다고 확신한다.

8. 나는 아름다운 세상을 만든다고 장담한다.

9. 나를 위한 무대가 존재한다고 믿는다.

10. 나는 사랑받을 만하다고 공표한다.

지금 당장
문제를 해결하라

Sahara Rule No.13

　풀 수 있다는 긍정적인 태도로 접근할 때만이 문
제는 해결의 단서를 보여준다. 잠재의식과 시야가
변하면서 주변에 널린 생존 도구들이 보인다.

닥친 문제에 따라 태도와 감정을 조절한다

사막을 여행하면서, "힘들어!", "죽겠어!", "짜증나!", "못해!", "싫어!" 하고 표현할수록 사막은 그렇게 변해간다. 아니면 말한 대로 그 상태가 더 지속된다.

사막에서는 뜨거운 태양과 모래바람을 피할 수 없다. 피하고 싶어하는 당사자는 사람이지만, 사막의 환경은 쉬이 바뀔 성질의 것이 아니다. 그것이 사막의 본래 모습이다.

우리가 사막을 견디기 힘들어하는 것은 자신이 살던 도시보다 기온과 편리성 등이 몸에 맞지 않기 때문이다. 힘든 현재 상태를 피하고 싶은 마음은 현실이 자신과 맞지 않는 이유를 계속 생산해낸다.

사막은 그리고 수많은 문제는, 일단 받아들여야 그에 맞설 힘이 생긴다. 받아들이지 않으면 어느 도구를 써야 할지 아이디어조차 떠오르지 않는다.

당면한 문제를 지금 해결하지 않으면 몇 날, 몇 달, 몇 년이 지나도 해결되지 않는다. 시간이 지날수록 문제는 단단하게 굳어서 나중에는 해결 자체가 불가능해진다.

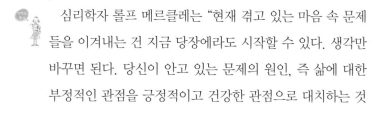

In my life
좋은 생각과 태도, 언어로 현재를 만들라

심리학자 롤프 메르클레는 "현재 겪고 있는 마음 속 문제들을 이겨내는 건 지금 당장에라도 시작할 수 있다. 생각만 바꾸면 된다. 당신이 안고 있는 문제의 원인, 즉 삶에 대한 부정적인 관점을 긍정적이고 건강한 관점으로 대치하는 것이다."라고 힘주어 말한다.

어떤 문제가 나를 힘들게 하면, 그 즉시 '힘들다!'고 생각하거나 바로 내뱉지 말고 먼저 문제의 원인을 찾는 것이 중요하다. 그 원인은 아주 사소한 문제에서 비롯됐을 수 있고, 내 생각과 판단으로 내가 직접 만들었을 수도 있다.

나의 감정은 내 생각, 태도, 믿음이 가져오는 직접적인 결과이자 미래를 만드는 자양분이다. 인간은 언어를 만들어 그 언어로 감정과 사고를 표현하며 스스로 공식이라도 되는 듯 자신을 향해 주문을 건다. 이렇게 왜곡된 언어가 다시 개인의 사고와 감정, 행동을 지배한다.

문제와 맞서기

1. 세상 모든 문제는 풀리기 마련임을 믿는다.

2. 문제에 개입된 감정을 걷어낸다.

3. 문제의 원인을 찾아낸다.

4. 문제에 얽힌 이해관계를 분해한다.

5. 문제의 위력을 파악한다.

6. 문제의 파급효과를 계산한다.

7. 문제를 단계별로 쪼개고 과제도 나눈다.

8. 문제 해결 후의 결과를 예측한다.

9. 전문가의 조언을 듣는다.

10. 빠르게 해결한다.

모래바람이나 태양열을 막기 위한 도구에는 색이 필요하지 않다. 어떤 종류의 구분도 필요 없다. 오직 풍요의 문명만이 넘치는 풍족으로 인해 빈부 격차를 따지고, 인종을 차별하며 권력 다툼을 그치지 않고 있을 뿐이다.

희망을
높이 띄우라

Sahara Rule No.14

　희망은 내 몸과 마음의 능력을 높여주는 요소다.
몸과 마음의 능력을 한껏 높여 희망을 더 크고 아름
답게 만들라.

결핍을 받아들여야 희망이 나타난다

사막이라는 광야에 들어서면 문명세계의 안전함과 도시의 편안함, 고매하게 간직해오던 인격을 한순간에 빼앗긴다. 불쾌하고 막막한 기분이 들면서 동시에 두려움이 엄습한다.

사람들 대부분은 사막을 인지하고, 사막에 발을 들여놓으면서부터 비로소 변하기 시작한다. 자신을 그늘에서 쉬게 하는 배려가 생기고, 자신에게 영혼의 양식을 주려는 의지가 솟고, 자신의 목마름을 씻어주는 오아시스를 갈구한다. 그 첫걸음이 '지금 나는 사막에 홀로 있다'는 사실을 받아들이는 것이다. 약하면 약한 대로, 모르면 모르는 대로, 실수하면 실수하는 대로, 있는 그대로의 모습을 일단 인정하는 것이 필요하다. 거기에서부터 희망의 실마리는 굵은 밧줄로 바뀐다.

In my life
지금 힘들더라도 희망을 구체화하라

　　미국 에모리대 신경과학자 그레고리 번스는 "인간의 뇌는 에너지를 아끼기 위해 항상 가던 길로 가려고 하는 습성이 있다. 창조를 바란다면 뇌에 이제껏 경험하지 못했던 새로운 경험을 쏟아부으라."고 충고한다.

　　오아시스를 향해 걸을 때 가장 먼저 해야 할 일은 자신이 한없이 나약하다는 사실을 거부감 없이 받아들이는 것이다. 그래야 강해지려고 스스로 훈련하거나 자신을 도울 사람을 구하게 된다. 모르면 알기 위해 공부하거나 지도자를 찾아본다. 자꾸 실수한다면 더 노력하거나 전문가와 손을 잡아도 좋다. 이때 희망이 눈 앞에 나타난다.

　　자신의 상태가 어떤지, 자신이 뭘 모르고 뭘 실수하는지 모르면, 그것을 보완하고 강화해줄 희망을 결코 찾을 수 없다. 그런 능력이 있는 사람이 바로 곁에 있어도 알아보지 못한다. 도움이 필요한 사람에게 손을 내미는 일은 더욱 어렵다.

　　자신의 부족함을 잘 살피면, 다른 사람들과 즐겁게 힘을 합칠 수 있고, 그 결과 희망을 더 크게 품게 된다.

인간의 필요는 황량한 들판에 꽃을 피우고, 인적없
는 사막에 건물을 세운다. 영화촬영으로 유명해진
사막 한가운데에 문명의 도구가 사막 스타일로 세워
져 있다.

희망을 현실로 만들기

1. 희망의 현실화를 위한 지도를 그린다.

2. 가장 먼저 가야할 곳을 정한다.

3. 희망이 생기는 곳으로 서둘러 출발한다.

4. 같은 희망을 추구하는 사람들을 만난다.

5. 그들과 함께 희망을 현실로 만든다.

6. 문서로, 모양으로, 시제품으로 만든다.

7. 만든 것을 많은 사람에게 보인다.

8. 지나친 것은 빼고, 모자란 것은 채운다.

9. 다듬고 또 다듬는다.

10. 누구나 편리하게 만들어 나누어 갖는다.

내 별을 찾아라

Sahara Rule No.15

　밤하늘의 별은 예나 지금이나 변함없이 반짝이며 우리에게 방향을 일러준다. 그 별들이 나를 안내하는 별이 되도록 이름을 붙여주라.

내 길을 안내해주는 나만의 별이 존재한다

우리를 안내해주는 별은 항상 존재하기 때문에 걱정할 필요가 없다. 내 눈과 오감을 열면 시야도 확 트이고 별들도 보인다.

사막의 밤, 초롱초롱 빛을 발하는 별은 어둠 속에서 이동하거나 다음 날 아침 움직일 방향을 정하는 데 큰 도움을 준다. 중간 목표지점인 오아시스가 있는 방향, 내 현재 위치 사이의 각도를 잘 기억해 뒀다가 다음 날 밤에 또다시 점검하는 것이다.

밤마다 자신이 있는 위치를 이런 식으로 확인한 뒤 이동하면 길을 잃을 염려 없이 목적지에 도달할 수 있다.

갈 길이 먼 목적지를 바라보며 한숨짓고 절망하기보다는 지금 내 곁에서 어느 별이 나를 도와줄지 찾아내는 것이 중요하다.

많은 별 중에 마음에 드는 별을 골라 이름을 붙여주면, 그게 내 별 같아서 더 잘 보이고 기억하기에도 좋다.

In my life

곳곳에서 반짝이는 내 별을 찾아라

천체물리학자 앨버트 아인슈타인도 "하루에도 수 차례 나는 나의 내적·외적 삶이 내 동료들의 노력에 의해 얼마나 많이 만들어지고 있는지를 깨닫는다. 살아 있는 동료와 죽은 동료 모두 말이다. 그리고 솔직히 내가 받은 만큼 돌려주려면 얼마나 많이 노력해야 할지… 무한한 책임감을 느낀다."고 말했다.

별들은 어디에나 있다. 사랑하는 식구들의 눈빛, 숨겨두었던 일기장, 들판에 난 작은 오솔길, 영화, 드라마, 동네놀이터, 신문, 버스나 지하철 안… 등 우리가 하루하루 살아가는 이 시간과 공간을 둘러보라. 그 속 어딘가에 방향을 일러주는 표지가 밤하늘의 별처럼 반짝이고 있다. 덮어두었던 무관심, 무시, 방치를 거두면, 보석들은 있던 자리에서 제 빛을 뿜어준다.

아무것도 보이지 않을 때는 내 마음과 시선을 사로잡는 사람이 누구이고, 내 관심을 불러일으키는 이야기, 사물, 사업은 무엇인지 한 번쯤 점검해 보는 게 필요하다.

사막에서 길을 찾기 위한 내 마음의 레시피 10

나만의 별 찾기

1. 밤하늘을 올려다본다.

2. 많은 별이 아주 멀리 있음을 알게 된다.

3. 내 주변을 돌아본다.

4. 나에게 도움을 주는 사람들을 떠올린다.

5. 나를 빛나게 하는 것을 찾는다.

6. 나를 힘나게 하는 것을 찾는다.

7. 내 방향에 맞는 큰 인물을 찾는다.

8. 그들의 삶과 연결한다.

9. 그들의 에너지를 받는다.

10. 가장 빛나는 별을 내 별로 명명한다.

생명의 표지는 언제나 사람을 최우선시하는 곳 가까이에 있다. 생명의 표지는 꼭 필요한 만큼만 최소량을 건네준다. 즉, 넘치지 않는다. 모자란다고 불평하지 말고 늘 감사하라.

눈을 닦아라

Sahara Rule No.16

자신의 태도와 행동을 교정하면 현재의 아름다움
이 보인다. 스쳐 지나가는 조언에 집중하고 자신에
게 맞게 변형하여 적응하면 감동할 일이 많아진다.

가르침을 주는 모든 것에 즉각 반응한다

사막에서는 생명의 길을 안내해주는 사람을 한눈에 알아볼 수 있다. 그런 이를 보지 못하는 건 내 눈이 열리지 않았기 때문이다. 눈 나쁜 사람에게는 총총한 별이 떠있는 맑은 하늘도 마냥 흐리고 우중충하게만 보이는 것처럼 말이다.

왜 자신만 혹독한 사막에 내던져졌는가 하고 의문을 품어 봤자 소용없다. 우리는 자신이 보는 것에 따라 생각하고, 생각하는 것에 따라 행동한다. 따라서 기존에 보던 습관과 방식, 관점에서 벗어나야 이전과는 다른 길, 다른 해법을 만날 수 있다.

자신의 시각을 교정하고 닦지 않으면, 현재의 아름다움을 깨뜨릴 수 있고, 일어나지도 않은 일을 미리 걱정하여 지금의 감동을 부술 수도 있다.

In my life

눈을 닦아 주변의 많은 가르침을 받아들여라

심리학자 키스 페인은 "순간 판단을 내릴 때 우리는 선입견과 편견으로 잘못된 판단을 내릴 수 있으며, 심지어 우리가 확신하거나 믿지 않았던 선입견과 편견의 영향을 받기도 한다."며 우리의 판단에 대한 신뢰를 경계한다.

눈이 밝아지면 별들이 더욱 아름답게 보인다.

영혼의 사막을 통과할 때 내게 부족한 부분이 무엇인지 알려주는 사람, 내 잘못된 습관이나 태도, 버릇, 행동을 지적해주는 사람, 내게 무엇을 먼저 해야 할지 순서를 알려주는 사람, 내게 힘을 불어넣어주려고 함께 뛰는 사람, 내 고민을 듣고 풀어주거나 풀어줄 방법을 얘기하는 사람 등등…. 그들은 아빠나 엄마 같은 가족일 수 있지만 때론 어린 조카의 눈망울, 버스정류장에서 잠깐 스친 어느 할머니의 거친 손, 혹은 할머니의 깡마른 몸에서 느껴진 체온일수도 있다.

사막에서는 생존이 곧 법이다. 생존하는 모든 동물과
식물은 경이로운 법칙을 지니고 있다.

사막에서 길을 찾기 위한 내 마음의 레시피 10

내 눈 닦기

1. 선입견을 버린다.

2. 편견을 바로잡는다.

3. 색깔을 적용하지 않는다.

4. 상하를 허문다.

5. 내 판단을 의심한다.

6. 내가 택한 것은 극히 일부임을 시인한다.

7. 백태가 끼면 닦아낸다.

8. 시야를 넓힌다.

9. 초점을 제대로 맞춘다.

10. 아름다운 것을 자주 보거나 만난다.

영혼의 사막에는 언제나 오아시스가 존재한다. 내가
홀로 있을 때조차 나만의 별과 오아시스는 나를 위해 그곳에 존재한다. 좀 더
걸어야 하고 좀 더 눈을 닦아야 한다. 더 치밀하게 준비하고 더 빠르게 걸어야
한다.

3

사막 안으로 더 깊이 들어가려면

사막을 통과하는 방법은 더 깊이 사막 안으로 들어가 더 혹독한 사막을 견디며 나아가는 것이다. 사막은 스스로 존재하므로 그곳을 통과하는 우리 역시 스스로 존재하는 법을 익히게 된다. 자연환경과 인간이 같은 조건에서 겨루지 못하지만, 인간에게는 그 자연환경을 활용하는 지혜와 능력이 있다. 더 깊이 사막으로 들어간다는 것은 이전과는 다른 오아시스, 이전과는 다른 나를 만나며 반대편 초원에 좀 더 가까워짐을 뜻한다.

아무도 없이, 아무것도 없이 홀로 존재할 수 있는가. 영혼의 사막에서는 못난 사람도, 값싼 물건도 아름다울 수 있다. 그 사막에서 자신을 격려하여 '지금'이라는 시간의 언덕과 '나'라는 한계를 뛰어넘어라. 더 깊은 사막으로 들어가야 사막을 통과한다.

숨은 의지를
깨워라

Sahara Rule No.17

어느 정도 걸으면 걸음에 관한 생각이 없어진다.
길에 관한 생각이 변한다. 길은 이렇게 내 의지로
만드는 것이다.

생존본능으로 한 걸음 더 떼어 움직인다

사막에서 할 수 있는 게 아무것도 없다면서 아무것도 하지 않는다면 그것은 죽겠다고 작정하는 것과 같다. 아주 적을지라도 주변 곳곳에는 살기 위해 할 수 있는 것들이 존재한다. 아무것도 하지 않으려고 내 의지를 닫아버리면 정작 그것들이 보일 리 없다.

사막에서는 힘이 남아 있을 때 한 걸음이라도 더 가는 게 중요하다. 죽음의 골짜기에 처했을 때도 할 수만 있다면 마지막 걸음을 떼어 앞으로 나아가야 한다.

한 걸음을 떼면 다음 한 걸음이 조금 더 가벼워진다. 어느 정도 걸음을 떼면 걸음에 관한 생각이 없어진다. 길에 관한 생각도 변한다. 길은 이렇게 내가 걷는 걸음으로 만드는 것이다. 내가 걷는 걸음의 합이 곧 길임을 깨달을 때 힘이 붙기 시작한다.

In my life
좋은 감정으로 나만의 길을 열어라

　심리학자 앨버트 엘리스는 "인간의 감정은 인간의 사고와 생각, 태도, 믿음에서 비롯된 직접적인 결과이다."라고 결론지어 말한다.

　인간의 한계를 짓밟는 죽음과도 같은 사막은, 우리 모두를 똑같은 인간으로 만들지만 사막을 지나 죽음의 골짜기를 거친 성숙한 사람들은 자신의 걸음으로 길을 가며 같은 에너지를 가진 사람들을 찾는다. 그들은 어려운 사람에게 나누어줄 수 있을 정도의 에너지도 갖고 있다.

　도시 길에 익숙해진 두 발의 습관을 버리면, 사막의 모래를 헤치며 걷는 게 자연스러워지듯 내게 이로운 '좋은 감정'이란 다양한 심적 훈련을 통해 만들어낼 수 있다.

　주어진 상황을 좋은 감정으로 받아들이고 자신의 걸음으로 한참 걷다보면 운 좋게도 멀리 떨어진 모래언덕에서 누군가가 구원의 손길을 내밀기도 하고, 식량과 물이 있는 오아시스로 향하는 길을 발견하기도 한다.

의지 깨우기

1. 방향을 정한 곳으로 일단 한 걸음 내딛는다.

2. 지금 선택한 길이 맞다고 확신한다.

3. 포기하려는 나를 인정한다.

4. 두려워하는 나를 다독인다.

5. 몸의 상태를 잘 유지한다.

6. 생각을 뒤로하고 일단 실천에 옮긴다.

7. 결과 중에 좋은 것만 골라내어 칭찬한다.

8. 목적지에 그토록 찾던 꿈이 있다고 믿는다.

9. 함께할 사람을 찾는다.

10. 나의 위대함을 믿는다.

나에게 절실히 필요한 것은 사막의 작은 그늘처럼 단
순하다. 누추하다, 초라하다라고 하는 비교와 감정의
말은 불필요하다.

**스스로
준비되게 하라**

Sahara Rule No.18

　우리의 몸과 마음은 늘 스스로 감당할 수 있도록 자신을 준비하는 시간이 꼭 필요하다. 갈증의 해소 없이 몸의 원활한 순환은 불가능하다.

현실이 조급할수록 실행속도를 늦춘다

사막인들은 아무리 갈증이 심해도 물을 급하게 마시지 않는다. 바짝 마른 몸과 마음이 갈증을 없애려고 물을 급하게 마시면, 신체의 신진대사 과정에서 균형이 급격히 틀어지기 때문이다.

몸에 물을 제때 공급하는 것도 중요하지만, 몸 안에 물을 얼마나 오래 저장해서 신진대사를 좀 더 오래, 좀 더 원활하게 하느냐 또한 중요하다.

뜨거운 사막에 잠깐 머무는 여행자에게는 시원한 콜라와 물이 더할 나위 없는 갈증 해소와 상쾌함을 줄지 모른다. 하지만 사막에 오래 머무는 사람들에게는 오히려 더위를 더 감내하기 어렵게 하므로 되도록 피하는 게 좋다.

In my life
영혼의 갈증을 해소하려거든 삶을 개선하라

심리학자 롤프 메르클레는 "지금 나이가 몇이든, 어떤 과거를 가졌든 상관없다. 중요한 건 자신의 삶을 개선하기 위한 내면의 힘과 능력이다. 당신은 이 점에서 절대로 무력하지 않다. 과거에 사로잡힌 노예가 되지 마라. 살아 있는 한 사람은 성장하고 변화한다."고 조언한다.

인간의 심리적 행복을 말할 때 가장 중요한 것은 신비로운 무의식이 아니라 날마다 우리가 되뇌이는 생각과 일상의 말이다.

문제가 발생했을 때 서두르지 않고 그에 맞는 도구를 찾아 하나씩 해결해 나가다 보면, 꼬이고 비틀어졌던 일들이 개선된다. 문제를 해결하고 나면 그동안 보이지 않았던, 그냥 지나쳐 버렸던, 마치 죽은 듯이 숨죽이고 있던 또 다른 능력들도 되살아난다.

그 열정의 도구와 긍정의 능력들을 하나 하나 꺼내어 소중하게 닦으면 아름답고 열정적이며 감동적인 에너지가 다시 살아나는 것을 느낄 수 있다.

나 스스로 준비되도록 하기

1. 지친 상태를 회복한다.

2. 멈추어도 일은 진행되고 있음을 믿는다.

3. 소진된 에너지가 충전될 때까지 기다린다.

4. 스스로 준비되고 있음을 기뻐한다.

5. 몸의 주기를 살핀다.

6. 물리적인 시간을 강제하지 않는다.

7. 상대적인 비교를 금한다.

8. 자신을 격려하는 사람을 만난다.

9. 내 능력이 성장함을 믿는다.

10. 필요한 것은 보이는 곳에 가까이 둔다.

나아감 뒤에는 반드시 멈춤이 있다. 나아감만을 자랑
삼는 곳에는 병들고 지친 노예의 자아만 남는다. 사
막에서는 살아 움직이는 모든 것을 배려해야 한다.

위인들을
따라가라

Sahara Rule No.19

위인들의 첫걸음은 남과 다르지 않았다. 사소한
것에서부터 한 걸음 한 걸음 최선을 다한 결과다.
꾸준히 걸어 크게 도약하는 사람을 따라 걸어라.

거대한 봉우리를 이용하여 방향을 잡는다

사막을 횡단할 때는 멀리 보이는 고원의 봉우리를 행로의 지표로 삼는 게 좋다. 봉우리들은 모래언덕처럼 변덕스럽게 모양을 바꾸는 일이 없기 때문이다.

멀리 있어 비슷하게 보일지는 몰라도 봉우리마다 모양과 특징이 다르다.

앞으로 나아가는 방향과 일직선상에 있는 봉우리와 180도 뒤에 있는 봉우리를 가상의 선으로 연결하고, 그 중앙에 현재 위치를 찍어 그 선을 기준으로 오아시스가 있는 방향을 잡으면 이 구간에서는 길을 잃을 염려가 없다.

우리가 만나는 사람들 중에도 이처럼 안내자 역할을 하는 거대한 봉우리들이 있다.

In my life
위인처럼 위인의 기준으로 꾸준히 걸어라

 물리학자 아이작 뉴턴도 "내가 더 멀리 볼 수 있었던 이유는 위인들의 어깨에 의지하고 있었기 때문이다."라고 말했다.

이 '위인들의 어깨'는 바로 우리에게 선택되어지기 위해 존재하는 인간과 지식, 역사, 원칙과 법칙들이다.

자연을 거스르지 않고 늘 스스로를 다듬는 사람들, 자기 자리에서 자신의 역할을 다하는 사람들은 언젠가 위대하고 거대한 봉우리가 된다. 그런 사람을 찾아내어 내 지도에 크게 표시해 두면 훗날 길을 잃었을 때 중요한 지침으로 삼을 수 있다.

그들은 늘 선대의 지혜를 따르고 실천한다. 그리고 지속해서 걷는다. 사람들이 칭송하는 그들의 위대한 도약은, 그들 자신에게는 날마다 걷는 만큼의 걸음일 뿐이다. 그들 역시 첫걸음은 남과 다르지 않았다. 사소한 것에서부터 한 걸음 한 걸음 최선을 다한 결과가 지금의 현주소인 셈이다.

위인들 따라가기

1. 그들처럼 생각한다.

2. 그들이 품은 열정의 원천을 가져온다.

3. 그들의 시간관리법을 따라 한다.

4. 그들의 지침을 내 삶에 적용한다.

5. 그들의 실패와 단점은 극복한다.

6. 그들의 치열함을 닮는다.

7. 그들의 업적에서 한 걸음 더 나아간다.

8. 그들의 성공이 드리운 그늘은 지운다.

9. 그들을 나만의 방식으로 기념한다.

10. 내 업적을 창출한다.

고립무원의 사막 한가운데, 낙타를 닮은 모습으로 풍화되는 거대한 봉우리가 사막여행자의 방향 찾기를 돕는다.

내 그림자를
살펴라

Sahara Rule No.20

　나라는 존재가 드리운 그림자를 살피고 나를 지켜
보는 사람들을 배려하면서 앞으로 나아갈 방향을
잡아야 한다.

문제의 핵심인 나부터 점검하며 나아간다

사막에서 자신이 동쪽에서 서쪽으로 가고 있는지, 남쪽에서 북쪽으로 가고 있는지 판단하기 위해서는 자신의 그림자 모양과 각도를 보고 판단한다.

내가 목표로 하는 방향과, 일정한 시간대의 내 그림자의 각도를 기억해두고 시간에 따라 변하는 그림자의 모양과 각도를 계산하면서 걸음을 옮기면 방향을 잃지 않는다.

사막에서 내 그림자는 항상 내가 앞으로 나아가는 방향과 태양간의 각도를 말해주는 중요한 지표다.

사막에서 자기의 그림자를 점검하지 않으면 방향을 잃는다. 홀로 신기루를 좇다 낭떠러지에 이를 수 있고, 이는 곧 죽음에 이를 확률이 높아짐을 의미한다.

In my life
내가 드리운 내 그림자를 점검하라

사람들과 맺는 관계에도 그림자는 존재한다. 관계는 결국 내 삶의 방향과 태도, 그리고 행동에 의해 만들어진다.

그림자의 길이와 모양은 상대를 향한 내 진정성이 어느 정도인지를 나타낸다. 그림자를 통해 상대와의 거리, 친밀도를 알 수 있는데, 나의 성장과 변화, 진화 속도에 따라 그 길이와 모양도 달라진다.

나라는 존재가 만들어낸 그림자를 살피고 나를 지켜보는 사람들을 배려하며 앞으로 나아갈 방향을 잡는 게 꼭 필요하다. 아주 적은 몇몇 경우만 빼고 내게 일어나는 모든 일의 원인은 대개 나에게 있다.

심리학자 로라 슐레징어는 "행복한 삶은 그것을 정의하고 만들어내려는 용기와 헌신적인 노력과 행동을 필요로 한다. 그러면 삶이 전개되는 동안 불행한 어린시절의 영향과 간섭의 힘이 저절로 줄어든다. 먼저 행동의 변화가 일어나야 감정의 변화가 뒤따르지 그 반대의 경우는 드물다."고 결론지어 말한다.

한낮의 태양과 한밤의 한기를 피하려면 더 깊이 땅
속을 파고들어가야 한다. 태양이 그림자를 만드는 곳
에 태양을 극복하는 법이 있듯이 내 그림자에는 나를
이길 보석 같은 지혜가 숨어 있다.

내 안의 그림자 살피기

1. 내 그림자는 나의 일부임을 인식한다.

2. 그림자는 내 현재 상태임을 받아들인다.

3. 그림자는 내가 모르는 나임을 인정한다.

4. 밝은 빛 앞에 나를 노출한다.

5. 그림자는 진할수록 점검하기 쉽다.

6. 그림자가 현재 내 모습과 다른지 살핀다.

7. 내 변화로 그림자의 변화를 유도한다.

8. 그림자를 인정하고 대화한다.

9. 그림자를 통해 현재의 나를 수정한다.

10. 현재의 나에게 그림자를 일치시킨다.

지나온 길은
잊어라

Sahara Rule No.21

　지난 것을 향한 애착은 잠시 접어두고 지금 내 앞
의 현실에 감사하며 현재를 최상으로 만들어라. 그
것이 길을 찾게 하고, 자신을 찾게 한다.

쓸데 없는 물건은 배낭에서 꺼내어 버린다

이왕 방향을 정했다면 길을 가는 동안만큼은 사랑하는 가족, 직위, 재산, 나이까지 평소 자기 주변에 맴돌던 모든 주제를 잊고서 그 길의 아름다움에 푹 빠지는 것이 좋다.

길 위에 놓인 돌들, 불어오는 바람, 춤추는 모래언덕, 눈부시게 빛나는 태양, 짙푸른 하늘, 그리고 그곳을 지나는 온갖 아름다운 생명체들….

길 위의 아름다움을 기록하고 기억하며 감탄하는 데에는 내 이름과 가족, 직위와 재산이 전혀 필요하지 않다.

필요한 것이라고는 몸의 신진대사를 유지해주는 물, 몸을 움직이게 하는 음식, 몸을 따뜻하게 해주는 옷, 걸을 때 필요한 신발, 생존을 책임져줄 나침반과 지도, 그리고 안내자 뿐이다.

In my life
지금 쓸데 없는 기억은 폐기하라

심리학자 웨인 다이어는 "일생을 통해 하등 도움이 안되는 감정이 두 가지가 있다. 이미 일어난 일에 대한 자책감과, 아직 일어나지 않은 일에 대한 섣부른 걱정이 그것이다."라고 단언한다.

우리는 살아가면서 수많은 기억과 그 기억에 대한 감정을 가슴에 쌓아놓고 산다. 문제는 해묵은 기억과 감정이 현재의 상태를 해치는 강력한 도구라는 점이다. 일을 하고 있다면, 길을 가고 있다면 사랑하는 가족들을 생각하는 일은 잠시 접어두자. 그것이 지금 내 앞의 현실을 최상으로 완결하는 방법이요, 결국 나와 가족을 위하는 일이다.

기억을 잘못 건드리면, 맛있는 음식을 앞에 놓고 지난 감정을 끄집어내서 식사를 망치는 것과 같다. 사랑하는 사람과 마주 앉아서 해묵은 기억을 들추다 달콤한 시간을 지옥으로 만든 경험이 얼마나 많은가.

과거의 짐을 버리는 가장 좋은 방법은, 현재의 좋은 것으로만 배낭을 가득 채우는 것이다. 그러면 나쁜 기억과 감정은 저절로 폐기된다.

과거의 짐 내려놓기

1. 과거를 되돌리는 것은 절대 불가능하다.

2. 기억은 현재를 왜곡한다는 사실을 인정한다.

3. 과거의 불가피했던 상황을 인정한다.

4. 그때는 지금보다 더 미숙했음을 인정한다.

5. 과거는 이미 내 삶이 아님을 명심한다.

6. 지금 도움되지 않는 과거는 꺼내지 않는다.

7. 현재에 몰입하여 과거의 힘을 약화시킨다.

8. 떼어낸 과거는 기억 창고에 보관한다.

9. 과거보다 나은 현재를 만든다.

10. 과거의 교훈을 현재에 되살린다.

영혼의 사막에서는 골짜기, 봉우리, 오아이스 또한 길
이 된다. 그것들을 지나면서 존재의 근육 또한 더 단단
해진다. 또 다른 사막을 만나도 전혀 두렵지 않다.

최고의 나를
상상하라

Sahara Rule No.22

거리가 멀고 가까움을 측정하지 말고 내가 이곳에
있어서 그곳을 향해 갈 수 있고, 또 가고 있음을 기
뻐하라. 오직 최고의 나를 상상하며 걸어라.

걸음이 힘들수록 경쾌한 상상을 한다

사막에서 길을 걸을 때는 두 발을 통해 전해지는 길의 촉감을 느끼면서 자신의 몸과 마음을 즐겁게 유지하는 훈련이 필요하다.

내 몸의 에너지가 걷는 데 쓰여 목표지점을 점점 더 앞당겨 놓음에 감사하자. 거리가 멀고 가까움을 측정하지 말고, 내가 이곳에 있어서 그곳을 향해 갈 수 있고, 가고 있음을 기뻐하자.

그렇게 하면 몸의 긴장이 풀리고, 마음이 이완되고 호흡이 안정되면서 신체 리듬이 경쾌해짐을 느낄 수 있다. 어느덧 양팔의 흔들림, 가슴과 배의 조화, 두 다리의 균형감각을 신기해하며 자신의 상태를 최고조로 올리게 된다.

In my life
한 가지에 깊이 빠지는 시간을 늘려나가라

현대인은 '현재'를 제대로 즐길 줄도 모르면서 두세 가지 일을 동시에 해내려는 습성이 있다.

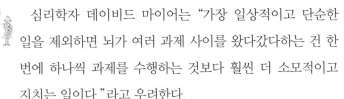 심리학자 데이비드 마이어는 "가장 일상적이고 단순한 일을 제외하면 뇌가 여러 과제 사이를 왔다갔다하는 건 한 번에 하나씩 과제를 수행하는 것보다 훨씬 더 소모적이고 지치는 일이다."라고 우려한다.

인간의 뇌는 아주 단순하면서도 효율적인 구조를 지녀서 두세 가지 일을 동시에 처리할 때는 생각을 형성하는 사령탑인 뇌가 제대로 작동하지 않는다. 우리 몸과 마음의 반응은 느려지거나 착오가 생긴다는 얘기다. 그 사실을 우리가 모를 뿐이다.

한 가지 일에 깊이 몰두하는 시간이 많을수록 업무능력이나 창의력, 집중도가 늘어나고 행복감 역시 깊어질 수 있다.

사막인들은 있는 재료로 최고의 음식을 만들어 내놓
는다. 가짓수는 적어도 각 재료의 성질과 성분, 향과
빛깔이 조화를 이룬다. 척박한 결핍은 최적을 조합하
는 안목과 효율을 만드는 능력을 키워준다.

최고의 나 만들기

1. 내가 가장 바라는 내 모습을 그린다.

2. 내가 가장 원하는 것을 찾는다.

3. 내가 가장 닮고 싶은 인물을 정한다.

4. 매사에 감동하며 몰입한다.

5. 지금 내게 주어진 것에 깊이 만족한다.

6. 최고의 나를 만드는 습관을 실천한다.

7. 각 분야 최고 전문가에 관해 공부한다.

8. 전혀 다른 시각으로 나를 바라본다.

9. 최고의 리듬을 찾아 심신을 내맡긴다.

10. 다른 사람에게 에너지를 전해준다.

배낭을 점검하라

Sahara Rule No.23

남아있는 의지와 열정, 체력, 구급상비약, 장비, 도구, 식량, 영양분에 따라 방향과 여정을 잡는 최적의 생존전략을 펼쳐라.

배낭 상태에 따라 방향을 정한다

사막을 지날 때는 예기치 못한 상황이 발생한다. 먹을 것을 줄이는 대신 체온을 보호해주는 옷을 챙겨야 하는 경우도 생기고, 반대로 옷을 모두 버리고 식량과 물만으로 구간을 통과해야 하는 경우도 생긴다.

사막을 횡단할 때는 갈 길이 멀수록 생존필수품인 물과 불, 음식과 구급약을 빠짐없이 챙겨야 한다. 목적지와 경로에 맞게 짐을 꾸려야 한다는 걸 기억하자.

먼 길을 갈 때 짐의 무게는 곧 죽음의 무게와 같다. 짐의 무게를 스스로 통제하고 내용물을 효율적으로 챙기는 것이 중요하다. 길을 가면서 구할 수 있는 것은 빼고, 도중에 구할 수 없는 것만 챙긴다. 쓸 수 있는 만큼만, 필요한 것만 챙기는 안목, 불필요한 것은 내려놓는 결단이 생존과 죽음을 가른다. 아직 남아있는 의지와 열정, 체력, 구급상비약, 장비, 도구, 식량, 영양분에 따라 방향과 여정을 잡는 일이 최적의 생존을 보장한다. 항상 자신의 생존꾸러미를 점검하고 보충해야 한다.

In my life
내 현재 상태를 살피고 방향을 정하라

    지금 내가 선택한 길에 맞게 짐을 꾸리는 일은 결코 쉽지 않다. 필요없는 물건으로 무게를 늘리거나 꼭 필요한 물건을 빼놓아 나중에 낭패를 보는 사례가 종종 있다.

    지도 없이 도구 또한 거의 쓰지 않고서 산 넘고 강 건너 밀림을 통과했던 인류의 조상들, 그들에 비하면 현대인은 너무 많은 것을 배낭에 넣는다. 자신의 한계를 모른 채 감당 못 할 무게를 짊어지는 모습이 현대인의 자화상이다.

    심리학자 배리 슈워츠는 "수백만 년간 단순한 구분만을 하며 살아온 인간이 수없이 많은 선택을 해야 하는 현대의 삶을 살기에는 생물학적으로 아직 준비가 되어 있지 않을 수도 있다."고 충고한다.

최적의 배낭 챙기기

1. 일단 필요한 것을 모두 넣는다.

2. 가장 필요하지 않은 순서대로 뺀다.

3. 많이 사용하는 순으로 꺼내기 쉬운 곳에 둔다.

4. 거리와 길 상태에 따라 물건을 준비한다.

5. 무게가 가벼운 재질의 물건을 구한다.

6. 크기가 딱 맞는 것을 고른다.

7. 비상식량, 구급약, 생존 도구는 필수다.

8. 일정에 따라 짐을 분리한다.

9. 최소 부피와 무게, 최대효과 원칙을 적용한다.

10. 친환경 소재를 선택한다.

다음 오아시스가 멀다면 물과 에너지원을 좀 더 많이
챙겨야 한다. 가야 할 현실의 길과 가고 싶은 욕심의
길을 구분할 때 배낭의 용적률과 효율성이 높아진다.

응원의 표지를
찾아라

Sahara Rule No.24

모든 길에는 명확한 표지가 있다. 삶의 길에는 선
한 사람의 친절, 진지한 사람의 지침, 악한 사람의
실수, 희망과 열정이 담긴 응원이 가득하다.

In the desert

앞에 놓인 길을 무작정 따르면 길을 잃는다

오아시스를 향해 걷다보면 눈앞에 커다란 모래언덕이 나타나 어느 쪽으로 가야 할지 막막할 때가 더러 있다. 모래언덕 위로 난 길을 따라 걷다가 느닷없이 길이 끊어질 때도 많다. 방금 전에 지나온 길이 완전히 다른 새 길로 바뀔 때도 있다.

사방이 광활하게 열려 있지만 길을 잃으면 드넓은 사막에 갇히는 꼴이 된다. 나가기만 하면 자유를 얻는 일반감옥과 달리, 사막은 나아갈 수는 있지만 앞으로도, 뒤로도 갈 수 없는 무형의 감옥이다.

이처럼 사막은 꼼짝달싹 못하게 여행자의 발을 묶는다. 가까운 곳에 오아시스가 있겠거니 여기고 모래바람이 만든 언덕을 표지 삼아 앞으로 나아가면 십중팔구 길을 잃는다.

In my life
내면이 성장하는 명확한 방향을 택하라

 '사막을 건너는 6가지 방법'의 저자이자 컨설턴트인 스티브 도나휴는 "중요한 것은 방향감각이다. 먼저 자신을 안내해 줄 내부의 나침반부터 찾아야 한다. 그렇게 하려면 나아가야 할 방향이 분명하게 보일 때까지는 목표나 도착지는 염두에 두지 않아야 할 것이다."라고 충고한다.

도시에서는 모든 길이 서로 만난다. 하지만 인간관계와 영혼의 사막에서 길과 길이 통해 있겠지 하고 길을 나서면 틀림없이 길을 잃는다. 바람에 따라 살아움직이는 사막의 모래언덕처럼 늘 가변적이기 때문이다.

하지만 분명한 것은 모든 길에는 명확한 표지가 있다는 사실이다. 특히 생명의 길에는 선한 사람의 친절, 진지한 사람의 지침, 악한 사람의 실수, 희망과 열정이 담긴 응원 등이 가득하다.

그것을 얼마나 빨리, 얼마나 깊이 감사하며 받아들이는가 하는 문제는 개개인의 훈련에 달려 있다. 가변적인 것과 영원한 것, 사는 길과 죽는 길을 구분할줄 알았던 우리의 타고난 본능을 깨워야 하기 때문이다.

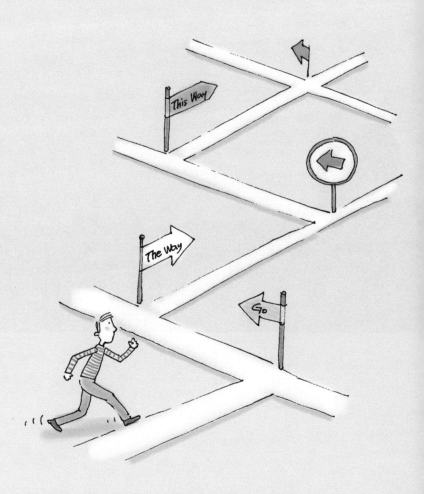

  인간을 향한 응원은 생명을 살리는 경지에 이를 때
까지 지속해야 한다. 사막인들은 곤란한 지경에 처한
사람을 기꺼이 돕는다. 그들은 여행자의 문제를 해결
해주고, 여행자에게 위험에 처한 다른 여행자를 도우
라고 조언한다.

나를 응원하기

1. 타인의 응원에 감사한다.

2. 내게 상황을 이겨내는 힘이 있음을 믿는다.

3. 상황이 최악이어도 살아있음에 감동한다.

4. 나의 신진대사에 감사한다.

5. 몸의 순환을 적극적으로 실행한다.

6. 몸의 주기를 흥겹게 맞이한다.

7. 성취 후에 언게 될 결과를 기대한다.

8. 나는 지금보다 나아질 수 있음을 되뇌인다.

9. 내 영화의 주인공은 나임을 믿는다.

10. 신이 나를 돕고 있다고 믿는다.

**죽음의 길을
벗어나라**

Sahara Rule No.25

　당장 편한 길은 생명의 길, 아니면 죽음의 길로 가
는 중요한 분기점이 된다. 나를 강제하고 존재를 무
시하는 죽음의 길에서는 일단 벗어나라.

죽음의 길에서는 바로 돌아나온다

사막의 시간은 그동안 우리가 살아온 도시의 시간과 완전히 다르다. 도시에서는 모든 길이 연결돼 있어, 잘못 들어서도 큰 문제가 없다. 하지만 사막에서는 오아시스와 연결된 길이 아니면 모두 죽음의 길이다.

지금 그 기로에 섰다면 내가 하는 결정이 삶과 죽음을 갈라놓을 수 있으므로 더욱 신중해야 한다.

내 몸에 남은 에너지와 자연환경이 알려주는 시간을 점검하면서 그 시간을 놓치지 말아야 한다. 시간을 잘못 쓰고 잘못 선택하면, 죽음이 칼날처럼 생존을 위협해오기 때문이다. 도시에서 시간을 쓰던 습관을 완전히 털어버리고 사막의 몸과 시간으로 바꿀 필요가 있다. 그런 뒤에 진퇴와 향방의 순간을 결정해야 한다.

In my life
선택의 기로에서 놓친 표지를 찾아라

사막에서 길을 잘못 들면 적게는 이틀에서 사흘 정도 헤매다가 구조의 손길을 만나기도 하지만 영영 다시 돌아오지 못하는 여행자도 있다.

지금 갈 방향을 모르겠다면 지나온 길을 되짚어 마지막 표지에 이른 다음, 거기서부터 표지를 찾아 다시 발걸음을 떼어야 한다.

지금 당장 잘못을 잡지 않으면 죽음에 이르는 길이 될 수 있다. 옳음과 그름의 작은 차이를 무시하고 그냥 넘겼다가는 돌이킬 수 없는 결과를 맞을 수밖에 없다.

길을 걷다보면 작은 표지를 놓치기 십상이다. 중요한 것일수록 눈에 띄지 않을 정도로 아주 작다. 그 작은 표지를 다시 찾은 후 따라가야 한다.

 심리학자 토니 험프리스는 "진정한 나에게로 돌아가는 길은 인적이 드물다. 자신의 빛을 인식하고, 두려움, 의존성, 경쟁심, 스트레스, 망상, 우울 같은 그림자로부터 자신을 분리시키는 길이기 때문이다."라고 조언한다.

죽음의 길 분간하기

1. 사람을 향한 존중이 없다.

2. 타인의 몫을 배려하지 않는다.

3. 진화를 못하게 하는 시스템과 장벽이 있다.

4. 들어간 길을 되돌아 나올 수 없게 막는다.

5. 몸과 마음에 맞지 않는 것을 강제한다.

6. 수렁처럼 빠질수록 움직이기 어렵다.

7. 몸과 마음에 두려움이 생긴다.

8. 오래 머물수록 극복하기 어려워진다.

9. 나 스스로 결정하는 것이 불가능하다.

10. 시간과 에너지가 끊임없이 소모된다.

동물은 죽음을 본능으로 감지한다. 지금 첫발을 디딜 때 몸을 돌리지 않으면 그대로 몸과 마음, 영혼이 차례로 휩쓸려 내려간다.

나라는 존재의 위대함은 어느 누구도 증명해주지
않는다. 나를 둘러싸고 있는 환경은 나 자신으로 하여금 끊임없이 자괴감
과 후회, 박탈감을 갖게 만들어 강제된 조건에 순응하게 한다. 나와 수많은 또
다른 나가 만든 사막에 우리를 던지는 셈이다. 서둘러 그 죽음의 골짜기에서
되돌아 나와야 한다.

4

위대한 나를 되찾으려면

인간은 다른 사람이 하는 대로 따라 하거나 다른 사람이 원하는 대로 따라 하는 속성이 있다. 하지만 자신이 꼭 하고 싶은 일을 선택할 때는 보통 때보다 훨씬 더 탁월한 능력을 발휘한다. 사막 같은 혹독한 환경에 처했을 때 가장 중요한 것은 '잘해낼 수 있다'는 확신으로 자기 능력을 일깨우고, 자신의 한계를 인정하며, 꼭 살 수 있다는 희망을 갖는 일이다. 특히 잊지 말아야 할 것은 '내가 지금 이렇게 살아있다'는 감사와 감동이다.

모래바람 일어나는 뜨거운 광야에서 사막인들처럼 도도히 걸을 수 있는가. **살아있음 그 자체로 아름다울 수 있는가.** 영혼의 오아시스를 향한 길에서 사막은 여행자에게 끊임없이 질문을 던진다.

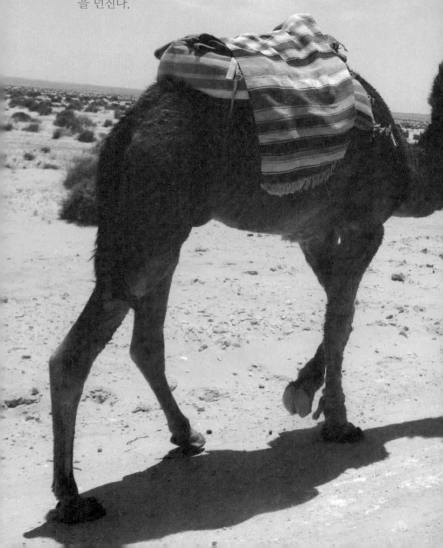

내가 여기 있음을
기뻐하라

Sahara Rule No.26

영혼의 사막이든, 현실의 사막이든 나 자신이 광
활하고 뜨거운 사막을 홀로 통과하는 수십억 인구
중 하나임을, 당당한 지구인임을 기뻐하라.

내 적응력이 늘 강해지고 있음을 믿는다

사막을 걷다보면 때로 태양볕 하나 이기지 못하는 나약한 자신을 대면하게 된다. 때로는 물 한 모금에 집착하는 한없이 비굴하고 모자란 자신을 발견하기도 한다.

사막에서는 아무것도 할 게 없고 설령 있다 해도 하는 일마다 안 될 것 같은 두려움이 앞선다. 목표가 너무 멀어 마음을 집중할 수가 없다. 햇볕과 모래는 데일 듯 뜨겁고 물이 떨어져 목은 타들어가는데 오아시스는 나타날 기미조차 없으니 마음이 조급해지고 후회가 빠르게 밀려온다.

이때 생각을 달리 할 필요가 있다. 아무나 할 수 없는 대단한 경험을 하고 있음을 스스로 주지해야 한다. 나 자신이 일부러 광활하고 뜨거운 사막을 선택해 그 혹독한 환경을 온몸으로 적응하며 홀로 당당하게 걷고 있는 멋진 여행자임을 기뻐하자.

In my life
스스로 나를 무시한 점을 나에게 사과하라

사막여행자는 사막인처럼 적응하는 과정에서 자신의 잠재력을 믿고 그것이 성장함을 경험하게 된다.

자신에게 본래부터 있던 강한 잠재능력으로 무슨 일이든 해낼 수 있음을 기쁜 마음으로 감사해야 한다. 그동안 스스로 나를 무시했던 점을 내게 진심으로 사과해야 한다.

인간은 특정한 가치나 진로를 계발하거나 선택할 때 자유의지를 발휘하고 그로 인해 어려운 상황에 놓이더라도 존엄성을 유지하는 탁월한 존재다.

아무 의미 없어 보이는 삶일지라도 반드시 나름의 의미가 있다. 어렵거나 고통스러운 상황에서는 그 의미를 깨닫지 못할 수도 있지만, 나중에 돌이켜보면 그 고통을 통해 스스로 성숙했음을 깨닫게 된다.

심리학자 빅토르 프랭클은 "인간의 가장 위대한 업적은 성공과 명예가 아니라, 변하지 않을 것만 같은 운명에 위대한 용기로 맞서는 것이다."라고 인간의 위대함을 격려한다.

나에게 쉼을 주고 틈을 주고 기쁨을 주었는가. 나를
다그쳐서 목적지에 도착했다면, 나에게 충분한 쉼을
주고 틈을 주고 기쁨을 주어도 된다.

나에게 사과하기

1. 나를 무시한 것은 나임을 고백한다.

2. 나를 스스로 비하한 것도 나임을 반성한다.

3. 나를 만족하게 하지 못했음을 인정한다.

4. 나의 필요에 무지했음을 받아들인다.

5. 내 능력을 미리 잘라버린 것에 용서를 빈다.

6. 더 나은 곳으로 나아가지 못했음을 반성한다.

7. 매사에 수동적이었음을 인정한다.

8. 회피한 내 문제를 찾아서 다시 맞선다.

9. 에너지를 흩어지게 한 잘못을 인정한다.

10. 더 깊게 존중하지 못했음을 사과한다.

**나의 장점을
강화하라**

Sahara Rule No.27

　개개인은 모두 다르지만 저마다 특이한 장점을 충
분히 지니고 있다. 그것을 발견하고 발전하게 할 사
람은 바로 자신이다.

In the desert
준비하지 않으면 기적은 일어나지 않는다

사막에서 길을 잃었을 때 '어떻게 되겠지~' 하고 요행을 바라는 것은 금물이다.

죽음의 길이 생명의 길로 바뀌는 기적은 자신의 무지와 부족을 깨닫고 그걸 부술 때만이 가능한 까닭이다.

행운을 바라는 것은 생과 사의 갈림길에서 아무 노력도 없이 동전을 던져 자기 목숨을 결정하는 것과 같다. 배고픈 맹수 앞에서 '날 먹지 않으면 고마울 거야' 하는 것과 같다. 이 얼마나 현실을 왜곡하는 어리석음인가.

어쩔 수 없이 맹수 앞에 있다면 맹수의 급소를 찾아 힘차게 내지를 준비를 해야 한다. 맹수가 먹이를 코앞에 둔 채 저 스스로 아파서 쓰러질 일은 절대 없다.

In my life
문제해결 능력을 예리하게 갈고 다듬어라

주변을 예리하게 살피며 변화를 감지하는 사람들은 스스로 변화하며 문제를 해결한다.

우리에게는 장점과 단점이 다 있다. 이 두 가지를 모두 파악해야 변화하고 발전하고 진화할 수 있다. 장점은 극대화하고 단점은 보완해야 현재보다 더 나은 결실을 볼 수 있는 것이다.

개개인은 모두 다르지만, 저마다 특이한 장점을 충분히 지니고 있다. 그것을 발견하고 발전하게 할 사람은 바로 자신이다. 자신의 장점을 파악하지 못하고 살려내지 못하는 사람은 자신을 해치는 사람과 크게 다르지 않다.

 심리학자 B. F. 스키너는 "몽골에서 말을 타고 있는 사람과 우주를 여행하는 우주비행사는 완전히 다른 존재이다. 하지만 그들이 서로 바뀌어 태어났다면 그때도 각자의 위치에서 잘 해내고 있을 것이다."라는 말로 우리를 격려한다.

내 장점 강화하기

1. 누구에게나 장점은 있다고 믿는다.

2. 나만의 장점을 찾는다.

3. 내 장점이 무엇인지 남에게 묻는다.

4. 내 장점을 일깨워줄 위인의 방법을 빌려온다.

5. 내 장점을 만들어준 가족, 주변에 감사한다.

6. 지금의 내 장점이 있게 된 계기를 찾아낸다.

7. 그 시작과 동기를 더욱 확대한다.

8. 장점을 강화하면 단점도 장점으로 변한다.

9. 장점에 집중하여 투자한다.

10. 결과물을 만들어 평가받고 수정한다.

산의 험난함은 오르내림을 불편하고 힘들게 하지만
그곳을 다듬고 가꾸고 나면 외부 위협을 이겨낼 유리
한 고지가 될 수 있다. 우리의 마음도 마찬가지다.

새 규칙을
적용하라

Sahara Rule No.28

　우리가 두려움과 후회에 사로잡혀도 주변 환경과
우리 몸의 세포는 변화를 거듭한다. 감사하면서 새
로운 규칙을 적용하라.

보석도, 위험도 내 앞에서 나를 기다린다

사막에서는 지난 시간이나 지나온 길을 돌아봤자 아무 소용이 없다. 잘한 것들, 잘못한 것들, 사랑한 것들, 사랑받았던 것들, 최선을 다하지 못한 것들…, 이 모든 것은 내게 직접 도움을 줄 수가 없다.

지나온 길을 자꾸 되돌아보면 길에 놓인 보물을 너무 자주 지나치게 되고, 앞에 도사린 위험도 미처 보지 못한다. 사막은 실패했었다는 기억도, 성공했었다는 사실도 잊어버리라고 충고한다.

우리가 그런 후회와 걱정, 두려움과 공포, 아집과 편견에 갇혀있을 때조차 우리 몸은 사막의 모래언덕처럼 도도하게 변화를 거듭한다. 작은창자와 위, 피부 등의 세포 수명은 3~4일, 눈의 각막 세포들은 7일, 망막 세포는 10일, 백혈구는 125일, 간과 췌장, 비장, 허파 세포는 4~500일, 뼈는 5년, 근육은 7년마다 바뀐다. 다만 심장조직과 신경조직은 하나도 변하지 않는다.

In my life

일상을 반복하지 말고 새로 구성하라

삶은, 그리고 우리의 몸은 새로 태어난다. 뒤돌아본다고 해서 이미 지난 일, 이미 죽은 세포가 다시 돌아오는 일은 없다.

과거의 실패, 어제의 성공은 다 잊고 새로운 걸음을 내딛는 것만이 진리다. 그 걸음 속에 해결법과 생명, 그리고 감동이 잉태되어 있다. 누가 가르쳐 줘서 아는 것이 아니다. 몸이 알아서 그 생명을 길러낸다.

심리학자 빅토르 프랭클은 "과거에 비해 공허하고 무의미한 느낌을 호소하는 환자가 많아졌는데, 이는 두 가지 요인에서 비롯된 듯하다. 다른 동물과 달리 인간은 본능의 말을 잘 듣지 않으며, 과거와 달리 현대인들은 전통의 지시를 따르지 않기 때문이다. 인간은 그들이 원하는 것이 근본적으로 무엇인지조차 모를 때가 많다. 오히려 인간은 다른 사람이 하는 걸 따라하거나 다른 사람이 원하는 대로 따라하는 걸 원한다."며 현대인들의 맹목을 우려한다.

사막에서 만나는 결핍 속에서의 자족은 전혀 궁상맞
지 않다. 꼭 있을 자리에 있는 당당함, 없어도 그리
문제가 되지 않는 트임, 자연과 공존하는 배려가 오
히려 화려하다.

새롭게 시작하기

1. 새로운 환경의 반복되는 패턴을 분석한다.

2. 새로운 규칙을 만든다.

3. 지난 습관을 현재에 맞게 수정한다.

4. 지난 삶은 접는다.

5. 지난 삶과는 전혀 다른 시각으로 대응한다.

6. 지난 시간과의 차별화를 모색한다.

7. 다시 출발선에 선 것처럼 각오한다.

8. 에너지를 집중한다.

9. 변화, 차이, 진전을 기록한다.

10. 색다름 속에서 매력을 찾는다.

신념을 통제하라

Sahara Rule No.29

　사막에서의 존재 이유는 지금 이 순간 생존하는 것이다. 생존확률 높이기를 최고 목표로 삼아, 자기 몸 상태를 점검하고 정보와 신념을 통제하라.

내 감정, 상식, 신념을 버리고 집중한다

우리는 사막에서 얼마든지 생존할 능력이 있다. 그런데도 길을 잃으면 본능적으로 두려움을 느낀다. 어떤 방식으로 마주쳐야 할지 모르는 낯설고, 고통스러운 상황을 생각하는 것 자체가 싫기 때문이다.

이는 스스로 쳐놓은 능력의 울타리일 뿐이다. 자신의 울타리와 영역을 벗어났을 때 알 수 없는 맹수한테 공격당할지 모른다는 두려움, 즉 동물적 경계본능에 가깝다.

길을 잃어 막막하고 두려울 때, 낯설고 어색할 때 사막인들은 '현재'에서 생존을 위한 삶의 길을 찾는다. 이미 품고 있던 감정, 상식, 신념을 버리고 오직 자신의 능력으로 생존 도구를 찾는 데 집중한다.

In my life
기존 신념, 감정을 새 신념, 감정으로 바꿔라

우리는 살면서 이따금 불안감과 두려움이 엄습하는 순간을 겪는다. 그러나 이를 견디지 못하고 화(禍)라는 무기로 자신을 방어하려고 드는 사람들이 급속도로 증가하고 있다.

이는 자기 감정을 직시하는 대신, 전혀 다른 모습으로 자신을 과대 포장하여 남에게 보인 뒤, 그 포장 속으로 숨는 것과 같다.

우리 마음 속에서는 이런 과정이 매 순간 일어난다. 다만 우리 스스로 민감하게 느끼지 못할 뿐이다.

 장자는 "자기의 기분을 만족시키고, 또 수명을 기를 줄 모르는 사람은 모두 도에 통한 자가 아니다."라고 말했다.

'지금 나에게 있는 능력'을 냉철하게 진단하면 길은 반드시 열리게 되어 있다. 그러면 그곳에 감동적인 일들이 나타나기 시작하고, 기존의 신념과 정보, 상식은 모두 새로운 개념으로 바뀌게 된다.

신념 통제하기

1. 왜 신념을 품게 되었는가 그 뿌리를 캐낸다.

2. 신념은 완벽한 생활의 원칙이 아님을 안다.

3. 신념은 생각이라는 사실에 주목한다.

4. 신념은 현재 삶을 왜곡한다는 것을 직시한다.

5. 신념은 변할 수 있음을 인정한다.

6. 닫힌 신념은 맹신을 가져옴을 명심한다.

7. 현실에 맞지 않는 신념은 과감히 버린다.

8. 남을 해치는 신념은 부순다.

9. 신념은 나를 파괴할 수 있음을 알고 경계한다.

10. 강제된 신념의 목적을 해체한다.

찰나라고 할 정도로 잠깐 내리고 마는 사막의 비는
소금사막에 흰 소금꽃을 피어 올린다. 수분은 뜨거운
태양열로 인해 순식간에 사라져버리지만, 그 변화는
충분히 역동적이다.

자연의 변화에
춤춰라

Sahara Rule No.30

변화는 낯설다. 하지만 새로운 변화가 나를 살게
할 새로운 오아시스일 가능성 또한 얼마든지 있다.
자연의 리듬에 발을 맞추면 새로운 기회가 열린다.

달갑지 않더라도 변화를 선택해야 한다

　황량한 사막에서는 변화에 대한 본능적인 공포를 이겨내야 한다. 내일 비가 오면 어떻게 하지? 내일 모래 태풍이 불면 어떻게 하지? 내일 해가 너무 뜨겁게 내리 쬐면 어떻게 하지? 고민할 필요가 없다. 사막의 변덕스러운 기후 변화는 자연 스스로 질서를 만드는 자체의 생존 사이클이다. 우리는 그 변화를 겸허히 인정하고 받아들이면 될 뿐이다.

　모든 생물체는 온 신경을 집중해 극도의 긴장감을 유지해야 하는 변화를 달가워 하지 않는다. 에너지를 과도하게 쓰기 때문이다.

　설령 갑자기 마주친 변화에 능히 대처할 능력이 있다 해도 사정은 마찬가지다. 미지의 실체를 아직 겪지 못한 단계에서는 누구든지 앞으로 겪게 될 불편함에 두려움을 품을 수밖에 없다.

In my life
변화는 두렵지만 설레는 마음으로 맞이하라

변화는 파도와 같다. 파도를 타는 상상의 서프보드만 있다면, 얼마든지 레포츠처럼 역동적으로 즐길 수 있다. 위험도 그에 대처하는 기술과 도구만 갖고 있다면 위험조차 즐거운 놀이가 되는 것이다.

변화는 자신의 머릿속에 그려져 있던 생각과 달리 낯선 모습으로 다가오는 것일 뿐이다. 멀리 내다보면 변화로 인해 삶 전체가 통째로 불편해지는 일은 거의 없다.

변화는 늘 진행 중이다. 또한 변화는 늘 낯설다. 하지만 새로운 환경이 어쩌면 나를 살게 할 새로운 오아시스일 가능성 역시 얼마든지 있다. 자연의 리듬에 발을 맞추고 어깨를 들썩여보라. 그리고 무대에 올라 주인공이 되어보자. 주변 사람과 환경이 함께 변화한다.

심리학자 밀턴 에릭슨은 "인간의 능력은 실로 놀랍다. 다만 인간이 그 능력을 모를 뿐이다."라는 말로 우리의 위대함을 표현한다.

사막은 눈길을 끄는 무엇인가를 품으면서도 결코 사
막이기를 포기하지 않는다. 멀고 먼 별나라의 지형을
누구보다 더 사실적으로 연기한다.

자연의 리듬에 발맞추기

1. 자연의 변화를 즐겁게 맞이한다.

2. 내 중심에서 벗어나 자연을 중심으로 본다.

3. 자연의 순환을 즐긴다.

4. 자연을 두려워하는 원시인의 뇌를 버린다.

5. 자연의 주기에 따라 도구와 장비를 준비한다.

6. 자연의 힘을 이용한다.

7. 자연의 에너지를 생활의 필요로 전환한다.

8. 변화를 예측한다.

9. 몸과 마음의 감각을 열어놓는다.

10. 자연의 경이로움을 발견한다.

**1%를 완벽하게
완성하라**

Sahara Rule No.31

1%를 이룰 때마다 자신감 1%를 더하라. 그러면 몸
과 마음의 체력까지 안배할 수 있다. 늦을 것 같아
보여도 이것이 목표에 이르는 확실한 방법이다.

모든 목표는 1에서 시작해 100에 이른다

사막에서는 생존 가능성이 늘 제로이다. 그래서 1%씩, 1%씩 생존 가능성을 높이며 앞으로 나아가야 한다.

목마르다고 무작정 오아시스를 찾아 발걸음을 재촉하다 가는 큰 낭패를 볼 수 있다. 체력과 생필품이 고갈되어 목숨을 잃을 수 있기 때문이다. 오아시스를 향해 발을 떼는 순간, 수분과 영양, 체력 등 내 몸의 상태와 가는 방향, 함께 가는 사람, 배낭 속 생필품 등이 내 생존을 책임지는 필수요소가 된다.

사막을 통과할 수 있다는 자신감은 결국 자신의 걸음걸이에 '1+1+1+⋯+1=100'의 법칙을 적용하는 신중함에서 비롯된다. 그것은 마치 한 층 한 층 탑을 쌓아올리는 것과 같다.

In my life
1%씩 자신감을 키워나가라

삶을 향한 자신감은 1%를 이뤘을 때보다 2% 이뤘을 때가 더 높다. 걸음을 뗄 때마다 높아지는 자신감을 경험하는 것이 사막을 통과하는 과정에서 중요하다.

매사에 성공할 가능성을 100%로 보고 시작하면 중간에 좌절할 확률이 높다. 희망으로 가득 찼다가 절망에 빠지면 우리 몸과 의지는 급속하게 기력이 떨어진다.

일단 목적지가 정해지면 길을 100분의 1로 나누고, 1%를 이룰 때마다 자신감 1%를 더하는 방식으로 발걸음을 옮겨보자. 그러면 희망이 지속해서 엔도르핀을 솟게 하여 힘이 덜 들고, 동시에 체력까지 안배할 수 있다. 늦을 것 같아 보여도 이것이 목표에 이르는 가장 빠르고 확실한 길이다.

작가 토니 슈워츠는 "점진적으로 변화하는 것이 욕심을 부리다가 실패하는 것보다 낫다. 성공이 성공을 낳는다."고 강조한다.

1% 완성하기

1. 현재의 단계에 충실한다.

2. 다음 단계는 자연스럽게 연결된다.

3. 지금 완벽하지 않으면 나중에 크게 뒤틀린다.

4. 가장 좋은 재료로 가장 잘 만든다.

5. 조금씩 완성되어 가는 즐거움을 만끽한다.

6. 다 못하면 다음 단계로 나아가지 않는다.

7. 시작하기 전에 미리 경쟁력을 갖춘다.

8. 단계별 시간을 정해 차질없이 추진한다.

9. 100%는 자연히 따라오는 결과임을 믿는다.

10. 열정과 에너지를 집중한다.

걸음을 떼어놓으면 길은 이어진다. 지금 이 자리를
떠나는 순간이 길의 시작점이 된다. 일어나지 않으면
길은 없다. 어제를 훌훌 털고 일어나자.

나의 이기를
경계하라

Sahara Rule No.32

　자기 행복감을 지켜나가고 싶어서, 스스로 자신에
게 좋은 기분을 느끼고 싶어서 안간힘을 쓰는 것이
인간의 본성이다. 이기적인 나의 본성을 경계하라.

In the desert
출구는 늘 나에게서 시작된다

우리 삶은 산을 오르는 것보다는 사막을 통과하는 것과 더 많이 닮았다. 산 정상을 향해 오르는 기술은 모래뿐인 사막에서 써먹을 수가 없다. 사막에서는 사막을 견뎌내는 기술이 필요하다.

사막에서의 행복은 산처럼 오르고 정복하는 데서 오지 않는다. 그 행복은 환경을 이기고, 악조건을 버티고, 체력과 음식을 조절하고, 갈증을 느끼며 물을 갈구하고, 아름다운 풍광을 호흡하고, 사람과 정을 나누는 그 모든 과정에서 맛보는 감동에서 비롯된다. 자연의 거친 위대함 앞에 무릎 꿇은 아주 작은 자신을 발견한 뒤, 겸손하게 한 걸음 한 걸음을 떼어놓으며 절박한 심정으로 살아남는 것이다.

행복은 물 한 모금에 목숨을 거는 자신을 기꺼이 받아들이는 기술이다.

In my life
유리한 것만 선택하는 나를 의심하라

　사람들이 살아가면서 완벽하게 판단하지 못하고 자꾸 실수하는 까닭은, 정확한 정보와 사실을 통한 명확함보다는 자신에게 유익한지를 가장 우선하는 판단 기준으로 삼기 때문이다. 자신에게 유익하면 적당한 수준의 자기기만을 허용하는 것이 사람의 속성이다.

　현실은 척박하기 이를 데 없어도 자신을 긍정적으로 보고, 미래를 낙관하는 일 또한 모두 이러한 '심리적 면역체계'를 통해 이루어진다. 이 심리적 면역체계를 어떤 태도로, 어떻게 받아들이고, 어떤 방법으로 풀어가느냐에 따라 인생 전체의 그림이 달라진다.

　신경내분비학자 브루스 맥이웬은 "인간의 마음은 아주 강력해서 인식을 하면 즉각 생리학적 반응이 일어난다. 위협적인 상황을 상상하는 것만으로도 투쟁할 것인가 도주할 것인가 하는 본능적인 반응이 일어날 수 있다."며 인간의 위대한 잠재력을 신뢰한다.

이기심 제어하기

1. 이기심은 에너지를 갉아먹음을 명심한다.

2. 이기심은 눈을 멀게 함을 인정한다.

3. 이기심은 오감을 닫으므로 경계한다.

4. 이기심은 내면에서 소화 안 된 불순물이다.

5. 이기심은 경험의 결핍으로 생긴 오류이다.

6. 이기심의 뿌리를 들춰낸다.

7. 이기심은 전이되므로 통제해야 한다.

8. 이기심은 자기잘못을 부정하므로 경계한다.

9. 이타적 행동을 강화한다.

10. 관계를 활용해 이기심을 없앤다.

먼 길을 함께 간다는 것은 자신이 충분히 가할 수 있
는 폭력을 상대에게 행사하지 않는 것, 최대한 자제
하여 상대를 배려하는 것을 뜻한다.

언어를 버려라

Sahara Rule No.33

뇌는 언어와 현실을 구분하지 못한다. 좌절, 실패,
패배를 말하면 그것이 현실이 된다. 언어를 버려 내
적인 에너지를 솟게 하여 새 현실을 만나라.

침묵하며 집중하고, 집중하며 침묵한다

사막에서는 몸의 상태에 맞추어 음식물과 수분을 섭취하고, 휴식을 취해야 하므로 아주 작은 잡념이라도 끼어들 새가 없다.

시시각각 생존을 다투는 상황에서 몸에 집중하는 것은 생각의 단순함을 선물로 준다.

신기한 것은, 다음 오아시스를 향해 걸음걸음에 집중하면서 길을 찾아 움직일 때, 생존과 존재에 불필요한 잡념은 연기처럼 사라진다는 사실이다.

새 오아시스를 향해 발걸음을 떼기 시작하면, 도착하기 전까지는 침묵으로 자신에게 집중하면서 다시 긴장하고, 다시 치밀해져야 한다.

In my life

언어로 된 성공과 실패는 신기루일 뿐이다

말하기를 멈추고 생각을 집중하면 실수에 대한 후회, 성공에 대한 자부심 등등 내 안에 있던 수많은 능력과 단점, 한계가 주마등처럼 스쳐 지나간다. 그때 무엇이 부족하고, 무엇이 흘러넘쳐 그런 결과를 낳았는지 그 원인 또한 드러난다. 현명한 대안은 그런 다음에라야 번개처럼 떠오른다.

인생이라는 사막에서 도전, 극복, 승리, 성공과 같은 말들은 취하기 좋은, 허울 좋은 단어에 불과하다. 그저 진지하게 한 걸음씩 앞으로 나아가며 움직이고, 그것을 통해 즐거워하고 감동하고 감사할 뿐이다.

 심리학자 아브라함 H. 매슬로우는 "우리가 기존에 만족을 느낀 일들에 익숙해지고 때론 그러한 일들에 권태로움을 느끼게 되면, 그 다음에는 이 일보다 더 즐겁고, 더 기쁘고, 내적으로 더 만족스러운 일이 발생하게 되는데 바로 이때 성장이 이루어진다."고 조언한다.

목적지를 향해 나아갈 때는 침묵하라. 침묵 속에서
지혜가 살아나고, 위대한 존재로서의 감응이 일어난
다.

내적 에너지 모으기

1. 많은 생각의 가지를 쳐낸다.

2. 말로 표현하기를 멈춘다.

3. 판단하기를 그친다.

4. 몸의 에너지를 함부로 발산하지 않는다.

5. 좋은 공기를 깊이, 오래 호흡한다.

6. 주어진 현실에 감사한다.

7. 나쁜 생각을 품지 않는다.

8. 적당량의 영양분을 섭취한다.

9. 집중이 잘되는 장소를 찾아 훈련한다.

10. 에너지가 모이기 시작하면 더 집중한다.

**감동의 시간을
연출하라**

Sahara Rule No.34

1시간을 함께한 것보다 그 시간에 무엇을 얻고 어떤 감동을 받았는지가 더 중요하다. 지루하게 반복되는 내면의 원형 시계를 부숴라.

나와 주변의 리듬에 맞게 시간을 통제한다

사막 한가운데에 있는 내가 생존할 방법은 오직 하나, 나에게 가장 알맞는 시간대를 정해 계속 움직이는 것뿐이다.

해뜨기 시작할 즈음부터 선선한 오전에는 속도를 높이고, 태양이 사정없이 내리쬐는 낮에는 그늘을 만들거나 찾으며 움직여야 한다.

적당한 시간을 놓치면 하루를 잃고 만다. 동행하는 사람이 있다면 그의 하루도 빼앗는 셈이다.

사막에서는 시간마다 방향을 확인해야 한다. 오아시스를 향해 방향을 잘못 잡거나 가는 도중에 발걸음을 멈추면 생존의 확률은 줄어든다.

일단 방향만 제대로 잡아도 가능성은 높아진다. GPS, 나침반, 지도, 바람 방향, 별자리를 확인하며 끊임없이 오아시스와 탈출 경로를 찾는 것에서 재미를 느끼는 것 또한 큰 힘이 된다.

In my life
시간과 사람을 모두 소중하게 대한다

도시에서는 가족과 친구, 친지, 책과 뉴스, 일어나는 모든 일이 내 인생의 GPS이자 나침반 역할을 한다. 그 안에 답과 목표와 도달방법이 모두 존재한다.

질병에 걸려 목숨이 경각에 달린 수많은 환자는 오히려 병들기 전보다 행복하고 풍요롭게 시간을 쓴다. 자신에게 늘 있었지만 보지 못하고 깨닫지 못하던 소중한 시간이 죽음 앞에서는 새삼 아름답게 다가오기 때문이다. 그들은 원수 같던 사람들과 일일이 화해하기도 하고, 자신이 가진 자그마한 재산이라도 나누어주면서 행복해한다.

자기 옆에 늘 존재하던 소중한 것을 보게 된 능력으로 스스로 삶의 방식을 행복하게 바꾸는 것이다.

심리학자 케넌 셸던과 하우저 마르코는 공동의 연구를 통해 "흥미와 의미를 느끼는 목표를 설정할 수 있는 사람들은 실제로 삶의 모든 영역에서 좀더 효율적이고 융통성 있고 성실하게 자신의 역할을 다한다. 그러한 목표에서 느끼는 자신감과 열정, 보람이 다른 영역에도 영향을 미치기 때문이다."라고 발표했다.

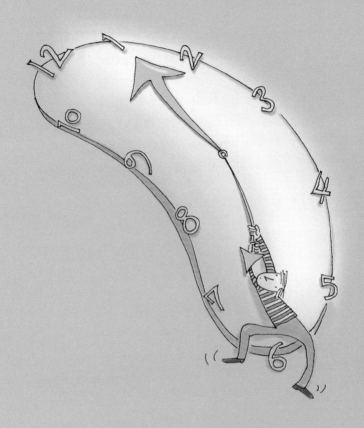

감동의 시간 만들기

1. 상대방을 존중한다.

2. 나도 존중받을 자격이 있음을 전한다.

3. 최고의 시간을 만들기 위해 준비한다.

4. 자신의 능력을 100% 꺼낸다.

5. 이웃의 장점을 찾아 칭찬한다.

6. 좋은 감정을 유지한다.

7. 남의 이야기를 경청한다.

8. 주변의 변화에 진지하게 감동한다.

9. 어려운 사람의 필요를 묻고 채워준다.

10. 누구를 다시 만나든지 새롭게 준비한다.

사막의 변화는 사막 지층의 층층에 존재해왔다. 혹독한 변화가 그대로 기록되어 있다. 나 역시 거대한 역사의 중요한 지층을 이루고 있음을 사막을 통해 깨닫는다.

사소한 것을
소중하게 여겨라

Sahara Rule No.35

　사막에서는 아주 사소한 것 하나조차 그냥 놓쳐서
는 안된다. 하늘의 변화, 구름의 흐름, 바람의 방향,
동물의 이동 등이 앞으로 닥칠 위험을 말해준다.

선천적 위험경보체계를 늘 가동한다

우리 인간은 어떤 목표를 향해 움직일 때 그 길이 사는 길인지, 죽는 길인지 스스로 판단할 수 있다.

사막에서는 생존을 위해서라면 아주 사소한 것 하나조차 그냥 놓쳐서는 안 된다. 하늘의 변화, 구름의 흐름, 바람의 방향, 동물의 이동, 사람들의 움직임 등이 코앞에 닥친 위기와 앞으로 닥칠 위험을 말해준다. 팽팽한 긴장감을 잃거나 치밀하게 계산하지 않으면 이에 대처하는 능력이 현저히 떨어진다.

죽음에 가까워지면 가장 먼저 내 몸이 안다. 본디 인간은 동물과 마찬가지로 자신에게 어떤 위험이 닥치면 그를 감지하는 선천적 경보체계를 지녔다. 하지만 정작 인간은 이런 자기능력을 발휘하기는 커녕 아예 신뢰하지 않는다. 이런 이유로 이 위험 경보체계는 점점 더 퇴화되고 사라지고 있다.

In my life
내 몸의 징후와 능력에 관심을 높여라

세계적 피아니스트 아서 루빈스타인은 '하루를 연습하지 않으면 내가 알고, 이틀을 연습하지 않으면 오케스트라가 안다. 사흘을 연습하지 않으면 세상이 안다'고 말했다.

현재 우리는 자신이 지닌 다양한 능력을 발휘하지 못한다. 문명화가 된 도시에는 어디로든 통하는 길이 있고, 언제나 먹을 음식과 마실 물이 있으며, 언제라도 천재지변을 피할 피난처가 있는 까닭에 특별히 자기능력을 써볼 필요를 느끼지 못하는 것이다.

심리학에서는 인간이 자기 생존에 필요한 감각은 탁월하게 유지한다는 결론을 내린 바 있다. 우리 안에 잠자고 있는 본래의 위대한 능력을 하나하나 깨우는 것이 영혼의 사막에서는 오아시스 역할을 해준다.

작가 마리안느 윌리암슨은 "우리는 우리 스스로 빛을 낼 때 무의식적으로 다른 사람들도 빛나게 한다. 우리 스스로 두려움에서 해방될 때 우리의 존재가 자동적으로 다른 사람들을 자유롭게 할 수 있다."고 강조했다.

사막은 사막을 거부하지 않는 사람들에게 풍경이 되
어주고 길이 되어준다. 사막에서 그들은 그대로 삶이
자 풍경이다.

사소한 것에서 소중한 것 발견하기

1. 귀천의 기준을 지운다.

2. 내 눈의 맹목을 거둔다.

3. 주입된 판단 기준을 닦아낸다.

4. 그 자체의 존재 의미를 존중한다.

5. 사소하다는 것은 상대적임을 명심한다.

6. 소중하게 갈고 닦을 수 있는 능력을 키운다.

7. 사소한 것이 빛나도록 연출한다.

8. 사소해진 과정을 되짚는다.

9. 섬세한 다듬질 과정을 거쳤는지 점검한다.

10. 역사와 생활에서 실제 사례를 발견한다.

사막을 통과한다는 것은 오아시스에서 또 다른 오
아시스로 옮기는 과정을 의미한다. 인생이라는 여정 자체가
이 사막 통과 과정과 흡사하다. 통과하지 못한 채 주저앉으면 자기의 미로에
자신을 가두게 된다.

5

오아시스에서 다시 오아시스로

얼마나 참고 견디며 고되게 걸어서 도착한 오아시스인가. 그런 만큼 대견한 자신에게 상을 주는 의미에서라도 오아시스에서는 무조건 쉬는 것이 최상이다. 입었던 것 모두 벗어놓고, 지녔던 것 모두 내려놓고 지친 몸이 완전히 회복할 때까지, 그리고 새롭게 출발을 하고 싶은 의지가 내부 깊숙한 곳에서 용솟음칠 때까지 쉼을 즐기는 것이다.

영혼의 사막을 지날 때 오아시스를 만나면 그것이 **크든 작든 무조건 쉬었다 가야 한다.** 다른 오아시스와 나무그늘이 아직 보이지 않는다면, 조금 더 치밀하게 준비하고, 조금 더 힘들게, 조금 더 멀리 걸어야 함을 뜻하기 때문이다.

온전하게 쉬어라

Sahara Rule No.36

　온전한 쉼은 우리 몸과 각 부분을 단순한 세포 덩어리나 고깃덩어리처럼 그냥 놓아두는 일이다. 세포가 자기 힘으로 본디 상태로 회복하게 하라.

몸과 마음의 에너지를 제대로 충전한다

사막에서는 오아시스에 도착한 그 자체만으로도 진정 감사해야 할 일이다. 그러니 제대로 쉬는 것 역시 아주 중요하다.

사막인들은 사막을 통과할 때 오아시스를 만나면 아무리 급한 일이 있어도 무조건 어느 정도 쉬었다가 출발한다. 물통을 채워야 하고 몸에 수분을 공급해야 하고, 영양 또한 보충해야 하기 때문이다. 피곤하게 달려오느라 에너지를 잃은 세포들에게도 쉴 시간을 주어야 하는 것은 물론이다. 갈 길이 바쁘다고 오아시스를 그냥 지나치면, 다시는 오아시스를 만날 수 없을지 모른다. 쉼을 주고 즐거움을 주는 잠깐의 그늘을 만나면 그 크기가 크든 작든 무조건 쉬었다가 다시 출발해야 한다.

In my life
수고한 자신에게 쉼을 허락하라

온전한 쉼은 우리 몸과 각 부분을 단순한 세포 덩어리나 고깃덩어리처럼 그냥 놓아두는 일이다. 수많은 기억의 방을 열거나 닫아둔 채로 그냥, 그리고 마냥 놓아두라. 아주 잠깐만이라도 몸과 마음이 해야 할 역할을 그들에게서 완전히 거둘 필요가 있다. 그래야 힘이 다시 솟는다.

그토록 힘든 상황을 참고 견디며 걸어서 도착한 곳이기에 대견한 자신에게 상을 주는 의미에서라도 오아시스에서는 무조건 쉬는 것이 중요하다. 입었던 것 모두 벗어놓고, 지녔던 것 모두 내려놓고 지친 몸이 완전히 회복할 때까지, 그리고 새롭게 출발하고 싶은 의지가 내부 깊숙한 곳에서 용솟음칠 때까지 쉬도록 하라.

 생물학자 앙드레 지오르당은 "내 몸은 내가 조금도 알아차리지 못한 채로 끊임없이 감지할 수 없는 대체 작업을 수행하고 있다. … 이렇듯 살기 위해서 나는 언제나 약간 죽을 필요가 있고, 지체 없이 다시 소생해야 한다. 내 몸의 기적은, 내가 주의를 기울이지 않더라도 영원하다."고 강조한다.

제대로 쉬기

1. 몸에서 생각을 빼고 그대로 내버려둔다.

2. 잘 먹는다.

3. 편한 곳으로 간다.

4. 좋은 음악을 듣는다.

5. 향기로운 향을 맡는다.

6. 좋아하는 색을 골라 연출한다.

7. 아무것도 하지 않는다.

8. 아무것도 요구하지 않는다.

9. 해야 할 것을 멀리 치운다.

10. 시계를 없앤다.

온전한 쉼을 통해 몸의 세포들이 제구실을 하도록 놓
아두라. 또한 몸에 필요한 영양소와 수분을 넘치게
공급하라. 갈급했던 만큼 충분히 채워야 다음 오아시
스에 이를 수 있다.

**자연의 지혜를
취하라**

Sahara Rule No.37

자연이 주는 지혜를 얻으면 내면에 숨어있는 가장
소중한 나를 만날 수 있다. 후회가 밀려오면 반성하
고, 즐거우면 마음껏 웃어라.

나를 풀어놓아 자연의 충만함을 얻는다

사막이라는 광활한 공간에서는 소리치고 싶으면 마음껏 소리치고, 춤추고 싶으면 마음껏 춤추어도 좋다. 나를 지켜보는 건 오직 태양과 모래와 바람과 밤하늘에서 빛나는 별뿐이다.

나는 어떤 여행자인가. 자신의 삶이 하찮게 여겨져 사막의 혹독함에 자신을 던져놓고 자기 내면을 만나려는 심리적인 여행자인가. 아니면 사막이라는 공간적 특성과 기후적 차이라는 매력에 이끌려서 무작정 사막에 뛰어든 여행자인가.

어느 쪽이든 간에 사막에서는 영혼을 충만하게 하는 방법은 꼭 있기 마련이다. 사막에서 자연이 주는 지혜를 이용하면 나의 위대함이 내 안에서 발현된다.

늘 의욕만 앞세우며 어설픈 실수를 낳던 자신과, 끝모를 격한 감정을 비로소 통제할 수 있게 된다.

In my life
나의 존재를 꺼내어 우주에 발산하라

　도시에서는 내 생각과 행동반경에 따라 매사를 예측하고, 그것에 대비할 수 있었다. 그러나 사막은 그런 습관을 버리지 않는 사람에게 가혹한 고통을 선사한다.

　영혼의 사막을 지날 때는 주위에 아무도 없다. 누구의 눈치를 볼 필요가 전혀 없다. 그저 내게 있는 가장 소중한 것을 꺼내어 닦고, 만지고, 즐기면 된다.

　후회가 밀려오면 반성하고, 우스운 일이 기억나면 마음껏 웃자. 눈물 나는 기억이 떠오르면 눈물이 더 이상 나오지 않을 때까지 울어보자. 감사하고 싶던 사람에게는 소리높여 감사하자. 내게 있던 소중한 것들이 하나씩 에너지로 바뀌면 그것들 덕분에 뭐든지 할 수 있다는 자신감이 생겨난다.

　마케팅 전략가이자 사상가인 마크 얼스는 "겸손한 여행자라면 여행을 통해 자아의 발견에 도움을 얻는 것이 여행의 주된 목적임을 잘 알고 있다. 나와는 다른 삶의 방식에서 나타나는 차이점을 이해하고 받아들임으로써, 우리는 자기자신을 전보다 더 명확히 알게 된다."고 강조했다.

이제 막 오아시스에 도착했다면, 다음 오아시스는 생
각하지 말고, 다만 나를 축복하고 나에게 감사하며
나로 인해 감동하라.

자연의 지혜 발견하기

1. 자연에 있는 그대로를 품는다.

2. 누구도, 어떤 상황도 거부하지 않는다.

3. 시간이 지날수록 생존력이 강해진다.

4. 다른 존재와 공존하면서 홀로 존재한다.

5. 주변 여건에 따라 늘 변화한다.

6. 필요없는 것은 없앤다.

7. 귀천을 나누어 대하지 않는다.

8. 넘치거나 모자라지 않게 조절한다.

9. 자연의 주기에 따른다.

10. 자연의 리듬을 탄다.

**내 것으로
받아들여라**

Sahara Rule No.38

　변화무쌍하고 위협적인 변화는 자연의 고유한 속
성이다. 자연의 변화를 명연주로 들으며 생명체를
살리는 생명의 숨결로 받아들여라.

몸과 마음이 온전히 평온해진다

사막의 엘우에드라는 도시에 사는 사람들은 모래 속에서 기도를 올리고 곱고 깨끗한 모래로 정갈하게 몸을 씻는다. 영혼의 탁한 때를 모래로 닦아내는 것이다.

사막의 세찬 바람을 타고 온 모래가 집을 삼키고 농장을 삼켜도 이들은 화내지 않는다. 그저 모래를 막고 또 막고, 퍼내고 또 퍼내면서 대추야자 나무들을 보호할 뿐이다. 어쩌다 모래가 완전히 집을 삼키면 필요한 살림만 빼내어 가까운 곳에다 새로 집을 짓는다.

그들은 그렇게 모래와 공존하며 모래를 다스리고 자신들의 성정을 다독인다. 그래서 문명화된 도시에서 온 여행객들은 그들에게서 전혀 다른 차원에서 온 듯한 초월자의 느낌을 강하게 받는다.

사막인들은 비가 오면, 설령 그 비가 폭우일지라도 황홀함에 젖는다. 메마른 모래 위에 구멍을 숭숭 내며 이내 모래 속으로 사라져 버리는 빗방울 모습에 신기해하며, 쏟아지는 빗소리를 자연의 위대한 명연주로 듣는다.

In my life
척박함을 내 삶의 즐거운 기회로 즐겨라

사람은 누구나 지금 자신이 처한 길이 삶의 길인지, 아니면 죽음의 길인지를 안다. 자신의 상태가 어떤지를 판단할 능력도 있다. 특히 안전하다고 판단하는 순간 그 시간과 공간을 즐겁게 활용할 줄도 안다. 이는 사람이나 동물들에게 기본적으로 있는 최고의 본능이다. 또한 미래를 결정짓는 가장 중요한 능력이기도 하다. 사막은, 그리고 영혼의 사막은 그것을 우리에게 일깨워준다.

심리학자 알프레드 아들러는 "자연의 관점에서 볼 때 인간은 열등한 존재이다. 위축과 불안감으로 표현되는 열등함은 인간의 의식 속에 늘 존재한다. 이것은 삶에 적응할 수 있는 방법을 찾도록 자극하였고 자연계에서 인간이 차지하는 열등한 위치를 만회할 수 있는 계기를 만들어주었다. 인간의 정신은 적응과 안전을 도모하는 능력을 가지고 있다."고 말했다.

내 것으로 받아들이기

1. 내 자리에 있는 내 것을 비운다.

2. 내게 들어와서 맘대로 움직이게 한다.

3. 내 것과 합쳐도 된다고 허락한다.

4. 새로운 것을 만들어낸다.

5. 새로운 것에 맞게 모든 것을 바꾼다.

6. 내가 만든 장벽을 허문다.

7. 나와 남을 구분하지 않는다.

8. 융합의 효과를 높인다.

9. 우리라는 이름을 붙인다.

10. 결실을 공평하게 나눈다.

사막은 자신과 도시문명에서 가져온 것을 버리는 사람에게 있는 그대로의 시간과 공간을 받아들이는 시각을 선물한다. 사막인들처럼 살아있는 그 자체를 겸허하게 받아들이는 숙련된 여행자로 만든다.

나만의 재미를
개발하라

Sahara Rule No.39

　사막에서는 스스로 즐거움을 찾아내어 만끽할 줄
알아야 한다. 지금 바로 앞에 있는 즐거운 요소를
찾아 내는 일 또한 생존만큼 중요한 일이다.

내 식대로 내 것을 만들어 즐긴다

사막에서는 스스로 즐거움을 찾아내어 만끽할 줄 알아야 한다. 남이 만들어놓은 재미와 장치에는 강력한 에너지가 없기 때문이다.

모래를 쌓든, 모래에 글을 쓰거나 그림을 그리든, 바로 앞에 있는 것에 귀한 이름을 붙이고 즐거운 요소를 찾아내는 일 또한 생존만큼 중요한 일이다.

일반적으로 사람은 인적없는 낯선 곳에 혼자 있을 때 행복보다는 두려움을 느낀다. 뇌가 문제를 해결할 때 에너지를 효율적으로 사용하는 방법 중 하나인 거울신경의 모방 해결이 불가능한 탓이다. 예전의 경험을 거울삼아 당면한 문제를 해결하려고 하지만 사막에는 기존의 뇌가 당혹해하는 낯선 환경 일색이다.

그래서 사막에서는 주변 환경을 창조적 받아들이는 몸과 마음이 준비가 필요하다.

In my life

홀로 있어도, 함께 있어도 행복하라

인간은 어렸을 때부터 타인과 원활하게 상호작용하기 위해 부모나 이웃과 같은 다른 사람들의 언어와 행동을 모방하면서 스스로 성장해나간다. 이 과정에서 홀로 있어도 행복할 수 있는지의 여부가 결정된다.

사회적인 틀 안에 있어야 행복해하던 자아라면 홀로 되었을 때는 극심한 스트레스와 우울증에 시달릴 수 있다. 하지만 어릴 적에 충분한 애정을 받았다면 성장해서 혼자가 되어도 그렇게 크게 혼란스러워 하지 않는다. 심적 결핍에 관한 기억이나 불신, 불행과 같은 부정적 요소가 작동하지 않기 때문이다.

심리학자 티모시 윌슨은 "정확해야 할 필요성과 자신에 대해 좋은 기분을 느끼고 싶은 욕망 사이의 갈등은 자아가 겪는 중요한 전쟁의 하나이다. 그리고 이 전쟁을 어떤 식으로 치르고, 이 전쟁이 어떻게 마무리되는가 하는 점이 지금 이 순간 우리의 됨됨이와 우리 자신에 대한 느낌을 결정하는 핵심 요인들이다."라고 강조했다.

지금 홀로 있다면 자신에게 주어진 시간에 충실하는
것이 최고의 방법임을 사막의 동물이 가르쳐 준다.
함께 있을 때 그토록 행복하다면 홀로 있을 때도 그
렇게 행복해야 한다.

나만의 재미 개발하기

1. 어릴 적 놀이가 확장된 형태의 놀이를 찾는다.

2. 놀이 친구와 행복했던 당시를 떠올린다.

3. 나이, 성별, 사회적 지위는 다른 곳에 둔다.

4. 타인을 의식하지 않는 공간을 만든다.

5. 흠뻑 빠져들 수 있는 것을 선택한다.

6. 재미가 주는 에너지를 삶으로 옮긴다.

7. 재미와 자극을 구분한다.

8. 재미의 강도를 조절한다.

9. 재미를 일과 창작물에 연결한다.

10. 재미있게 타인과 교감하고 공유한다.

스스로 부서지며
존재하라

Sahara Rule No.40

　사막은 스스로 깨지고 부서지며 존재를 과시한다.
매일 이 소리없는 광경은 계속된다. 자신만이 가진
가장 위대한 능력을 스스로 깨우쳐라.

끊임없이 변화하며 살아간다

사막은 대자연의 순환이 어떻게 이루어지는지, 자연의 일부로서 자신이 겪는 변화를 우리에게 끊임없이 보여주고 들려준다. 본디 호수였고 바다였던 사막은 수없이 변화하며 현재의 모습을 갖추었다.

50만년 전 인류의 조상으로 일컬어지는 호모 에렉투스가 이 지역에 도착했을 때 사하라사막은 울창한 삼림과 사바나 초지였을 것으로 추정한다.

5만 년 전에는 어느 한 지역이 호수였고, 그 주변에 어촌이 형성되어 있었고, BC 8,000년 무렵에는 마지막 습윤기를 거치면서 거대한 내륙호수였다고 한다. 그 당시의 사하라를 암벽에 조각과 그림으로 기록해 놓은 타다르트 벽화를 보면 땅에는 기린, 코뿔소, 하마, 얼룩말, 가젤영양이 어울려 살고, 호수에는 메기, 농어, 거북이가 헤엄치고, 강에는 악어떼가 움직이는 그림이 그려져 있다.

순환과 변화를 통해 부서지고 부서져라

사하라 사막의 황금모래 언덕은 거대한 암석들이 오랜 시간 동안 풍화와 침식작용으로 부서지고 깨진 결과물이 모여진 집합체다.

사막의 극심한 일교차는 암석을 깨지기 쉽게 만든다. 기온이 급강하는 밤이 되면 암석 표면에 이슬과 같은 습기가 생기는데, 이 습기가 암석의 갈라진 틈 사이로 침투하여 암석과 함께 언다. 그러다가 기온이 오르는 아침에 습기가 틈 사이에서 나와 대기로 증발하면 암석이 팽창한다. 이러한 수축과 열팽창 과정이 수천 번, 수만 번 반복된다.

소리없는 이 광경은 날마다 계속된다. 단단한 암석은 결국 모래로 부서져 모래언덕의 품에 안긴다.

심리학자 미하이 칙센트미하이는 "진실로 창의적인 업적은 어둠에서 백열등이 켜지듯 한 순간의 식견에서 비롯되지 않으며 수년간 지속된 노력의 산물이다."고 말했다.

우리의 이기심과 선입견, 편견도 이같이 변화와 순환 속에서 부서지도록 새로운 환경을 지속적으로 만들어주어야 한다.

스스로 부서지며 존재하기

1. 나는 아무것도 아니라고 생각한다.

2. 나는 나약하다고 인정한다.

3. 나의 게으름을 받아들인다.

4. 나는 부족하다고 되뇌인다.

5. 나는 욕망을 지닌 동물임을 인정한다.

6. 나는 세포의 합에 불과함을 인식한다.

7. 이기적인 성향을 부순다.

8. 나의 약함을 딛고 강해지도록 훈련한다.

9. 나는 아무것도 모른다는 사실을 늘 깨우친다.

10. 가진 것이 없어도 만족한다.

사막은 그 혹독함으로 자연이 피운 이 세상 꽃 가운
데 가장 강도 높은 꽃 '사막의 장미'를 피어 올린다.

인내를
습관화하라

Sahara Rule No.41

　인내와 적응 없이 생존과 존재는 불가능하다. 인
내와 적응이 자연스러워질 때까지, 생존의 법칙으
로 온몸에 전이될 때까지 자신을 훈련하라.

In the desert
자연의 위대함에 무릎을 꿇는다

　사막의 오아시스를 대표하는 식물은 대추야자 나무다. 이 나무는 처음 심고 나서 몇 년 동안만 충분히 물을 대주면, 이후 사막의 뜨거운 태양열과 높은 기온에서도 너끈히 견디며 열매를 맺는다. 그 몇 년 동안 자기를 평생 지탱해줄 뿌리를 수십 미터 아래 수로를 찾으려고 힘차게 내뻗는다. 마침내 수로를 찾으면 그 물이 사람들이 마시지 못할 정도의 염분을 포함하고 있다고 해도 대추야자 나무에게는 충분한 영양소가 된다. 이 식물 역시 사막인들처럼 대대손손 사막의 척박함에서 살아가는 법을 유전인자에 심어놓은 것이다.

　낙타 역시 털로 덮인 모피로 체온을 내리고, 다른 동물보다 뜨거운 태양열과 높은 온도에 잘 견디도록 진화했다. 신체 곳곳에 수분을 나누어 저장하고 몇 분 안에 50리터의 물을 마셔도 탈이 나지 않는다. 농축된 소변과 건조한 대변을 배출하며 체내 수분 손실을 최대한 통제한다.

In my life
그들의 인내에 귀기울이며 배우라

인간과 자연, 그리고 그 안에 존재하는 모든 것은, 저마다의 인고의 시간을 지내고 있으며 지금 이 순간도 역시 그 과정의 일부일 뿐임을 소리 없이 가르쳐준다.

인내가 없었다면 살아남을 수 없었을 테고, 살아남지 못했다면 사막을 대표할 수조차 없었을 것이다. 수많은 역사의 기록 이면에는 고통과 인내의 시간이 있음을 기억하라.

심리학자 윌리엄 제임스는 "인간은 똑같은 사물에 대한 시각이 조금씩 지속적으로 변하는 사실에 스스로 놀랄 때가 많다. 지난달에 겪었던 특정 문제에 대해 어떻게 그때는 그런 생각을 할 수 있었는지 의아해 한다. 하지만 왜 그렇게 되는지는 알지 못한다. 한 해가 가고 새해가 오면 인간은 또 다른 시각으로 세상을 바라본다. 환경의 지속적인 변화에 따라 끊임없이 움직이고 평형을 되찾아가는 것이 바로 인간이다."라고 규정했다.

또 다른 오아시스를 향하기 위한 내 마음의 레시피 10

인내하며 진화하기

1. 진화하는 내 모습을 본다.

2. 시간을 거스를 수 없음을 깨닫는다.

3. 강해지는 몸과 마음을 실감한다.

4. 대상별로 극복하는 법을 배운다.

5. 두려움이 사라짐을 느낀다.

6. 예기치 않은 변화에 적응한다.

7. 시야가 환해짐을 경험한다.

8. 시련이 강할수록 튼튼하게 단련됨을 믿는다.

9. 몸과 마음을 하나로 결합해 행동한다.

10. 언어와 행동이 하나가 되도록 한다.

오랜 세월동안 사막을 지키고 사람을 지킨 자연의 위
대함에 무릎 꿇어라. 그들의 법칙을 온몸으로 그대로
따르라.

생명체의 본성에
충실하라

Sahara Rule No.42

　　모든 생명체는 자연에 저항하지 않는다. 힘을 주
고 생기를 주는 나의 본성에 저항하지 말고 더 깊은
위대한 원리를 찾으며 감동하라.

빠르게 적응하고 끈질기게 진화한다

사막에는 밤에 활동하는 곤충, 파충류, 작은 포유류가 있다. 이들은 더운 낮에는 땅속으로 들어가 체내수분의 손실을 최소화하고, 밤이 되면 밤이슬에서 수분을 얻는다.

그중 사막에 탁월하게 적응한 전갈은 지구 생명체 가운데 가장 오래된 종의 하나다. 3억5천년 전에 살았던 종들과 크게 다르지 않아서 '살아있는 화석종'이라 불린다. 본디 바다에 서식했지만 각 대륙으로 퍼져나가면서 다리와 폐 기관을 진화시켜 사막에서도 적응하게 되었다.

전갈은 한 끼 식사로 자기 몸의 30% 무게를 늘린 다음, 아무것도 먹지 않고 1년 정도를 충분히 버틸 수 있다. 먹이에서 나오는 수분으로 체내수분을 치밀하게 조절하여 생존해나간다.

그들은 높은 온도의 열기와 직사광선이 체내에 영향을 미치지 못하게 하려고 두꺼운 껍질을 갖게 됐고, 땀을 흘리지 않는 구조로 자신들의 신체 메커니즘을 진화시켰다.

In my life
숨김없이 내면의 나와 대화하며 진화하라

 세계 5대 사막레이스 완주 그랜드 슬래머이자 '나는 오늘도 사막을 꿈꾼다'의 저자인 김효정은 사막 레이스를 마치고 난 후 소회를 "진정한 '전리품'은 아마도 더 깊어진 나 자신에 대한 이해일 것이다. 상처받은 내면 치유와 같은 말일 수도 있다. 한계상황이 아니면 마주할 수 없는 나 자신을 정면으로 바라보며 대화해 얻은 것이기에 그보다도 더 소중하고 진실된 것은 아마도 없을 것이다."라고 밝혔다.

작은 그늘을 지나고 오아시스를 지나 또 다른 오아시스를 향해 나아가면서 태양과 피로로 혹사당한 몸을 쉴 그늘과 누울 곳을 찾고, 그곳에서 에너지를 충전하며 빠져나간 수분과 염분도 보충하는 과정을 통해 자신을 발견하게 되는 것이다.

우리가 갖고 있는 좋은 생각, 이상, 신념은 물론 나약한 모습과 수많은 부정적인 기억, 습관을 마주하면서 그것을 더 나은 것으로 치밀하게 진화시켜야 한다. 그것이 나 자신을 사랑하고 후손을 생존하게 만드는 에너지이자 지침이 된다.

사막에서는 살아 움직이는 모든 것이 경이롭다. 살아 있음과 움직일 수 있음 모두 변화와 적응을 위한 노력, 그리고 인고의 시간이 차곡차곡 쌓여야 가능하다.

생명체로서의 본능 일깨우기

1. 자연의 일부임을 깨닫는다.

2. 동물로서의 본능을 인정한다.

3. 진화하지 못한 원시인의 뇌가 있음을 안다.

4. 사회화되지 않은 본능이 있음을 안다.

5. 미숙한 생명체로 태어났음을 인정한다.

6. 강제로 거세된 본능이 많음을 인지한다.

7. 몸을 천시한 문화에서 자랐음을 안다.

8. 몸의 감각을 열어주도록 훈련한다.

9. 순환하는 심신의 움직임을 관찰한다.

10. 몸과 마음의 촉각을 한껏 열어놓는다.

삶의 법칙을 따라
움직여라

Sahara Rule No.43

　지혜로운 삶의 법칙을 따르는 사람들은 자연의 이
치를 중요하게 여기고 사람의 위대함을 존중한다.
그들의 법칙을 몸과 마음에 새기고 움직여라.

나를 살리는 생명의 길을 골라 걷는다

사막에서 살아왔거나 살아남거나 살아 돌아오거나 사는 모든 동물과 식물은 뿌리 깊숙이 자신만의 인고의 시간을 품고 탁월한 적응능력을 발휘한다고 볼 수 있다.

문명화된 도시에서 불순물에 뒤덮여 자연과 원활하게 교감하지 못하는 우리 내면도 영혼의 사막을 지날 때는 혹독한 고통을 겪으면서 본래의 순수감응체로 바뀐다. 맑고 밝고 투명하게 변한 몸과 마음은 세상의 모든 사물과 사람을 맞이하면서 황홀, 경건, 전율, 충만을 느끼게 된다. 우리 안에 있는 문명의 불순물을 가혹하게 닦아내어 유리알같이 깨끗한 새살을 드러나게 하는 것이다.

결코 부서지지 않을 것 같던 육중한 암석이 부서져 결국은 바람에 흩날리는 모래가 되는 것처럼, 살아있는 이 세상 모든 존재는 변하고 또 변하면서 현재와 미래를 만들어간다. 사막은 그것을 증명해 보이며 우리에게 그 방법을 알려준다.

In my life
부서지고 변하면서 삶의 길을 찾아라

사하라의 모든 생명체는 자연에 저항하지 않는다. 자연을 거스를 수 있는 능력이나 자격이 없기 때문이다. 사막에서 삶의 길은 오히려 확실하다. 제대로 순응하고 빨리 적용하고 서둘러 변화해야 산다.

사막이 가르쳐준 대로 사람의 세포와 그 세포로 이루어진 몸, 몸과 함께 작용하는 마음의 자연스러운 움직임을 파괴하고 막는 모든 것은 우리를 악의 구렁텅이로 이끈다. 즉, 죽음의 길이 되는 셈이다. 변화하지 않고, 자연을 거스르고 존재의 본성을 홀대하고 무시하는 이 세상 모든 것은 결국 사라지게 되어 있다.

 사상가 오쇼는 "마음이 옳으면 모든 옳고 그름의 판단을 잊는다. 그때 그대는 자유인이다. 삶이 그 자체로 흘러가게 하라. 흐름에 존재를 맡긴 채 흘러가라. 그 흘러감 자체가 궁극의 깨달음이다. 삶은 풀어야 할 문제가 아니라 살아야 할 신비이다."라고 일갈한다.

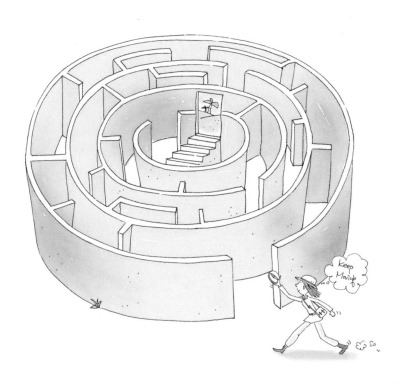

또 다른 오아시스를 향하기 위한 내 마음의 레시피 10

생명을 살리는 삶의 법칙을 발견하기

1. 사람들이 서로 존중하는 곳으로 간다.

2. 무엇인가를 강제하는 곳은 가지 않는다.

3. 진정성으로 열정을 끌어내는 사람을 만난다.

4. 사람의 존재를 기뻐하는 곳을 찾는다.

5. 사람의 능력을 개발하는 곳을 택한다.

6. 공정하게 나누는 사람들과 함께한다.

7. 함께 논의하고 결정하는 사람들과 함께한다.

8. 자신을 이긴 사람들과 함께 길을 간다.

9. 생존법을 제대로 아는 사람을 만난다.

10. 행복한 사람의 에너지를 나누어 받는다.

오아시스는 도착한 사람에게만 풍요로움을 나누어준
다. 이미 물을 마실 수 없는 지경에 이른 사람에게 흘
러넘치는 샘은 아무 소용없다. 지혜롭게 자신을 살펴
며 생명의 오아시스를 찾아야 한다.

모래와 암석, 소금으로 이루어진 지금의 사막은 사실, 아주 오래전에는 깊은 호수였고 바다였다. 사막은 태곳적 물속에 감추고 있던 해저의 속살을 남김없이 드러내주기 때문에 전인미답의 해저였을 그 속살을 있는 그대로 만질 수 있다. 사막이 사람처럼 매력적인 이유다.

책을 맺으며

사람을 사람답지 못하게 강제하는 모든 것이
우리를 죽음의 골짜기로 이끄는 표지들이다

이 세상 모든 허위의 시작은 구분과 차별에서 시작된다.
바람도 아닌 바람, 사람도 아닌 사람….

이러한 구분과 차별은 눈 좁고 몸이 열리지 않은 사람들
이 좋아하는 자기 보호장치다. 그들은 한 번도 제대로 바람
이 되어보지 못했기에, 바람이 조금만 세게 불어도 '바람도
아닌 바람'이라고 단언하며 자신의 눈과 생각에서 거세해
버린다. 또한 한번도 제대로 사람이 되어보지 못했기에 사
람 개개인에게 쌓인 수많은 층층의 인내와 고통을 알지 못
하고, '사람도 아닌 사람'으로 차별하며 자신의 마음에서
그 사람의 위대함, 기술, 가능성을 미리 잘라버린다.

사람과 바람을 막고 분리하고 나누고 자르는 모든 기술과
방법은 죽음의 골짜기로 가는 표지이다. 더할 나위 없이 아
름답게 치장을 한 사람들이 자신들을 삶의 표지라 여기고

달콤한 몸집과 언어를 사용하며 너무도 편안하게 죽음의 표지를 들고 있다. 자신이 두려워하는 것, 또는 그 두려움을 투사한 것을 안고 죽음의 골짜기로 나아가고 있다.

도시와 문명이 만들어놓은 수많은 시스템은 우리에게 언제나 길이 있고 언제나 먹을 음식과 물이 있으며 피난처를 갖고 있다고 믿게 한다. 그것은 우리로 하여금 전율하는 자유와 존재감, 능력 대신 무감각과 연약함, 무감동을 선택하게 한다.

자기의 좁은 시야, 작은 생각을 안고 자기 틀안에 갇힌 채로 편하게 안주하든, 불안해 하든 그것은 각자의 몫이다.

분명한 것은 자신이 어느 곳에 가서 그 누구를 만나더라도 사막인들처럼 자신의 항상성과 에너지를 유지할 수 있다면 그 자체가 축제가 된다는 점이다.

자라온 환경과 문화 탓에 삭제되고 퇴화되고 숨겨진, 자신도 모르는 사이에 스스로 잘라버렸을지도 모르는 자기만의 맑고 투명한 순수 반응감각을 찾아내는 일은 그래서 중요하다.

상어 중에 가장 포악하다고 알려진 백상아리는 변온동물인 일반 물고기와 달리, 특수 혈관구조를 통해 체온을 되찾으며 바다 곳곳을 자유롭게 누빈다. 3km밖에서 물개떼 냄새를 맡고, 1백만분의 1 분자에 섞인 피를 감지하고, 250m 거리 밖에서 물개 소리를 구분한다.

이런 능력이 없다면 백상아리는 늘 '왜 여기는 심장이 멎을 듯 물이 차고, 왜 저기는 피부가 익을 듯이 뜨거울까. 왜 먹을거리가 없고, 간혹 보인다고 해도 그 물고기들은 그토록 빠를까' 라며 불평하다가 결국은 도태될 것이다.

우리 삶을 가능하게 하는 존재 원리는 사하라 사막인들의 생존법칙과 영혼의 사막을 통과하는 심리학적 지침, 그리고 백상아리의 생존 능력과 똑 닮았다.

영혼의 사막을 지나면서 우리 자신이 위대해지는 까닭은 사람들과 순수하게 교감하는 온전한 감각을 몸과 마음에 담아오기 때문이다. 세상에 존재하는 모든 사람은 모두 자유롭고 역동적인 에너지라는 사실을 깨닫기 때문이다.

척박하지만 사방으로 트인 내 영혼의 사막에 발을 들여놓

고 모래폭풍, 살을 태우는 뙤약볕을 받아들이며 오아시스
에서 오아시스를 거치며 사막을 통과했을 때 비로소 나를
있게 해준 도시와 문명, 나를 쉬게 해주는 초원과 오아시
스, 그리고 사람들을 감동으로 대하게 된다.

가자! 변화와 진화를 가능하게 하는,
그 척박하지만 아름다운 곳으로…,
사막인처럼, 백상아리처럼
한 걸음 한 걸음씩, 그리고 성큼성큼.

"천국은 장소가 아니다. 그건 시간도 아니다. 천국은 완전하게 되는 것을 말하지.… 완전한 속도란 거기 그냥 존재(being)하는 것이다."

— 리처드 바크 〈갈매기의 꿈〉에서